AF353290

Información legal

© 2023
Autor y editor: M.Eng. Johannes Wild
A94689H39927F
E-Mail: 3dtech@gmx.de

Los datos completos del autor del libro se encuentran en las últimas páginas

Esta obra está protegida por los derechos de autor

Prólogo

Muchas gracias por elegir este libro!

Hola! ¿Está interesado en el diseño, la simulación y la fabricación de objetos tridimensionales con Fusion 360 de Autodesk?

Entonces, ¡este es el libro adecuado para usted! Soy ingeniero y me gustaría presentarle el fantástico programa Fusion 360 en su uso práctico de forma sencilla y fácil de entender. Por cierto, como usuario privado con una licencia de aficionado puede incluso utilizar Fusion 360 de forma gratuita.

Aquí está el enlace a la descarga:

https://www.autodesk.es/products/fusion-360/overview

Este curso completo y detallado está dirigido específicamente a los principiantes y muestra desde el principio cómo los diseños CAD, las animaciones, las simulaciones y la planificación de la producción tienen éxito. Además de las explicaciones teóricas sobre el uso del software y el enfoque, en este curso aprenderá principalmente a través de proyectos de diseño prácticos y emocionantes.

En este curso aprenderá todo lo que necesita saber sobre Fusion 360 como principiante. Iníciese en el fascinante mundo de Fusion 360 con este libro hoy mismo. ¡Vamos!

Índice de contenidos

1 Introducción: Ámbito del curso y software

1.1 Qué esperar y qué aprenderá en este curso

Hola y bienvenido al curso de Fusion 360 para principiantes!

En este curso encontrará una introducción a los fundamentos del multifuncional y realmente magnífico programa Fusion 360 de Autodesk y aprenderá en detalle el diseño CAD, la animación, la simulación y la producción de sus propios componentes y mucho más. Como ingeniero, comparto con usted mis conocimientos de mis estudios y de la práctica profesional paso a paso, para que pueda lograr un éxito óptimo de aprendizaje con fundamentos teóricos por un lado, pero sobre todo con ejemplos prácticos por otro. Por ello, tras una introducción teórica, este curso incluye muchos ejemplos prácticos de diseño para que el proceso de aprendizaje le resulte lo más fácil y eficaz posible.

Y con Fusion 360 de Autodesk, al igual que con otros programas de CAD, no sólo podrá diseñar. Más bien, este programa combina y vincula varias disciplinas de la ingeniería como el CAD ("diseño asistido por ordenador"), el CAM ("fabricación asistida por ordenador") y el MEF ("método de los elementos finitos"), resumidas como CAE ("ingeniería asistida por ordenador"), en una sola plataforma. Por tanto, Fusion 360 puede utilizarse no sólo para crear componentes o conjuntos, sino también para realizar simulaciones y animaciones, así como para crear la programación de una máquina CNC. El enfoque principal de este curso es el diseño con Fusion 360, es decir, la parte CAD del programa. Sin embargo, no se descuidarán las demás funciones de Fusion 360, así que no se preocupe.

Como ya se ha mencionado, la abreviatura CAD significa "diseño asistido por ordenador". El software CAD se utiliza para crear o editar objetos tridimensionales. Empezando por piezas individuales sencillas, pasando por piezas complejas, hasta conjuntos enteros que pueden ensamblarse virtualmente.

En este curso, dirigido específicamente a los principiantes, aprenderá cómo está estructurado el entorno de Fusion 360 y cómo aprovechar al máximo las características individuales para crear objetos tridimensionales. Cada proyecto de diseño, animación y simulación puede seguirse paso a paso y de forma individual, lo que le permitirá introducirse fácilmente en el material y familiarizarse con las numerosas funciones del programa con cada proyecto.

Si también le interesa la impresión en 3D, puede incluso materializar los objetos a posteriori simplemente imprimiéndolos.
En pocas palabras, en este curso podrá aprender en detalle lo siguiente

- Oriéntese con rapidez y confianza en el programa Fusion 360
- Domine todas las funciones importantes de Fusion 360 con rapidez y confianza / Master Fusion 360
- Aprenda los fundamentos del diseño CAD y las diferentes formas de trabajo
- Los bocetos en 2D y la creación de objetos en 3D en el área de CAD / Diseño
- Crear piezas individuales y conjuntos en el área de CAD / diseño
- Renderizar y animar piezas individuales y conjuntos
- Simular piezas individuales y conjuntos, es decir, aplicar cargas y mostrar tensiones y deformaciones (simulaciones FEM).
- Conozca el proceso de fabricación asistida por ordenador en Fusion 360 (CAM) y prepare una pieza sencilla para el trabajo de fresado.
- Conozca el entorno de dibujo técnico en Fusion 360 y cree dibujos técnicos, utilizando también un ejemplo práctico.

Lo mejor es seguir el orden que se indica en el curso, ya que las lecciones se basan unas en otras. Si no entiende los capítulos individuales, las funciones o los comandos de inmediato o se pierde la explicación de una función, sólo tiene que estar atento. El curso está estructurado de tal manera que todas las funciones importantes y básicas están suficientemente explicadas. Sin embargo, a veces se hace en otro capítulo para que el curso sea lo más claro y práctico posible y para poder transmitir un enfoque muy intuitivo de Fusion 360, así como de la construcción.

1.2 Fusion 360 y descarga del programa

Fusion 360 de Autodesk ofrece una interfaz de usuario clara y sencilla y, además, está disponible de forma gratuita para los usuarios privados como la llamada licencia personal. Aunque esta versión tiene una gama de funciones algo limitada, es perfectamente adecuada para usuarios particulares y aficionados. Para todos los usuarios que quieran utilizar Fusion 360 con fines comerciales, existe una versión completa disponible a cambio de una cuota, que actualmente comienza en 60 euros al mes.

Después de crear una cuenta de usuario en Autodesk, puede elegir una de las dos versiones tras comparar la gama de funciones. Pero, como ya he dicho, si es un usuario particular o aficionado, ¡puede elegir sin duda la versión gratuita! Aquí tendrá que recortar el "Generative Design" y la "Simulation", porque necesitará una licencia de pago para utilizar estas dos funciones, pero para los usuarios aficionados y privados no suelen ser necesarias en absoluto. Más adelante aprenderá lo que puede hacer con estas dos funciones. Sin embargo, como usuario doméstico, también puede empezar simplemente con la versión gratuita y actualizarla más adelante si es necesario. Puede descargar Fusion 360 directamente en línea en:

https://www.autodesk.es/products/fusion-360/overview tras crear una cuenta de usuario.

La estructura de las características de diseño es relativamente idéntica en todos los programas CAD habituales que utilizan los ingenieros y técnicos en su trabajo diario. Se suelen utilizar otras licencias de programas profesionales de CAD como SolidWorks, Catia, SolidEdge o AutoCAD y Autodesk Inventor, que cuestan entre uno y varios miles de euros, por lo que sólo suelen merecer la pena para usuarios profesionales y autónomos. Sin embargo, con estos programas, normalmente puede obtener una versión de prueba durante 30 días o incluso más. Como estudiante, también tiene la opción de obtener una licencia de estudiante gratuita para la mayoría de los programas de CAD durante la duración de sus estudios.

¡Y ahora nos vamos! Antes de llegar a los fundamentos del diseño CAD, realizaremos los ajustes generales del programa y nos familiarizaremos con la interfaz y las funciones del mismo.

2 Preparación: Primeros pasos con Fusion 360

2.1 Realice los ajustes generales

Cuando empezamos el programa, primero se nos pide que creemos o nos unamos a un equipo. Esto es necesario y útil porque Fusion 360 es muy bueno para trabajar en archivos y proyectos entre usuarios. Haga clic en "Crear equipo" o únase a un equipo que conozca. Cuando cree un nuevo equipo, puede darle el nombre que desee. Si lo desea, puede invitar a otras personas a unirse al equipo para trabajar juntos en los proyectos.

Figura 1: Tras iniciar el programa por primera vez, hay que crear un equipo

A continuación, entramos en el entorno del programa Fusion 360.

Comprobemos primero algunos ajustes generales del programa para crear la misma situación de partida. Para ello, haga clic en el icono de su cuenta de usuario en la esquina superior derecha y seleccione "Preferences".

Figura 2: Apertura de los ajustes generales del programa "Preferences"

Se abre una ventana para los ajustes generales.

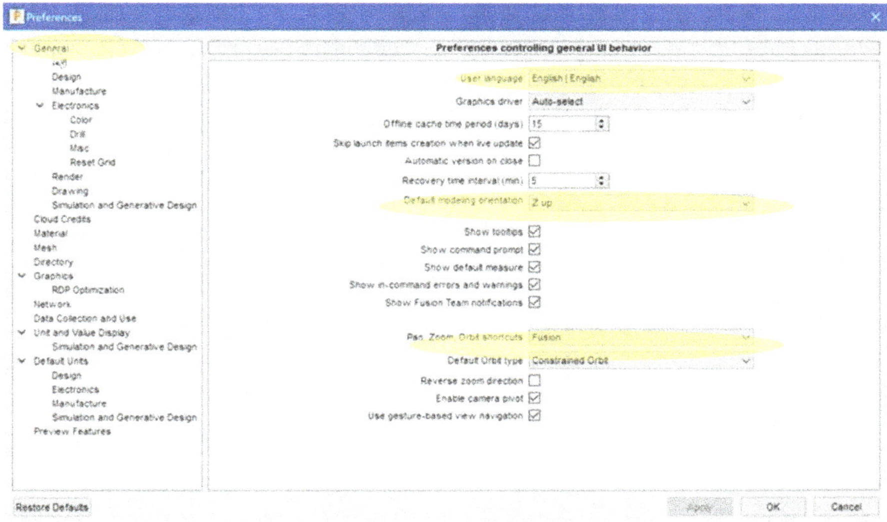

Figura 3: Ajustes generales en el área "General"

En la sección "General", puede ajustar el idioma del programa. Por razones de organización, en este curso dejo el idioma del programa en inglés. Esto también es ventajoso para orientarse mejor en los foros o la comunidad de Internet, mayoritariamente de habla inglesa. Sin embargo, los términos alemanes siempre nos acompañarán, así que no se preocupe. Primero compruebe si "z up" está en el campo "default modeling orientation" y "Fusion 360" está seleccionado en el campo "Pan, Zoom, Orbit Shortcuts".

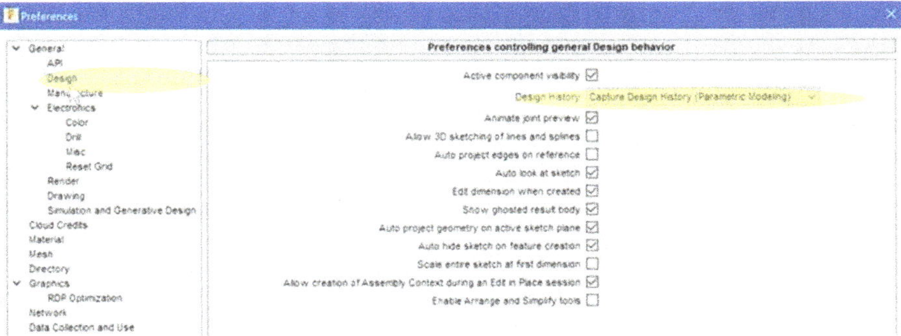

Figura 4: Ajustes generales en el área "General → "Design"

Además, queremos asegurarnos de que en la opción "Design" está seleccionado el valor "Capture Design History (Parametric Modeling)". Otros ajustes importantes se encuentran en "Default unites", es decir, Unidades por defecto. Aquí puede establecer la unidad por defecto para cada parte del software. En nuestro caso queremos utilizar el sistema métrico, por lo que comprobamos que en "Design", "Electronics", "Manufacture", así como en "Simulation" y "Generative Design" está seleccionada la unidad "mm" en cada caso. Todos los demás ajustes son opcionales y pueden modificarse a su gusto. Si lo desea, simplemente haga clic en los puntos individuales. De lo contrario, aceptamos los valores establecidos y terminamos los ajustes. En el siguiente capítulo echaremos un primer vistazo al entorno del programa y a las funciones de Fusion 360.

2.2 Visión general del entorno y las funciones del programa

Veamos primero el entorno del programa y las barras de menú, que se encuentran en las zonas superior y lateral.

En la parte superior izquierda, existe la opción de mostrar u ocultar el "Data Panel", que se abre en la parte izquierda de la página. En este "Data Panel" se pueden gestionar todos los proyectos del equipo correspondiente y se pueden llamar las bibliotecas y los ejemplos. En la barra de la parte superior, también se pueden llamar las funciones básicas y las notificaciones. El "Job Status" muestra si está trabajando actualmente en línea en la nube o sólo fuera de línea, es decir, si los archivos en los que está trabajando están sincronizados con su equipo, si lo tiene, o no.

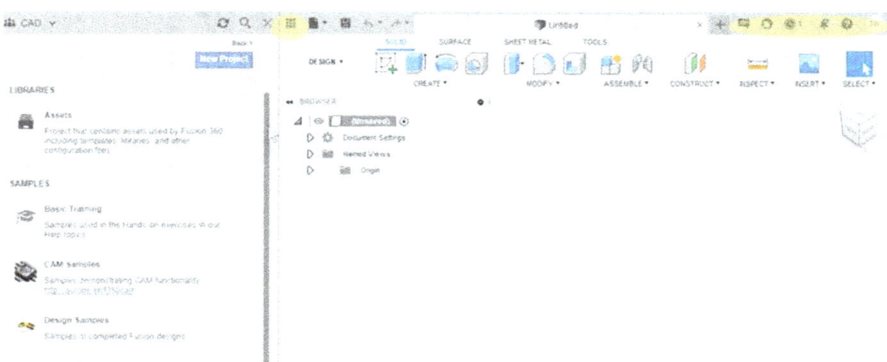

Figura 5: Ejecución de comandos básicos en la barra de la parte superior

Con la pestaña de selección resaltada de la barra de menú principal que aparece a continuación, puede cambiar entre las distintas subfunciones de Fusion 360.

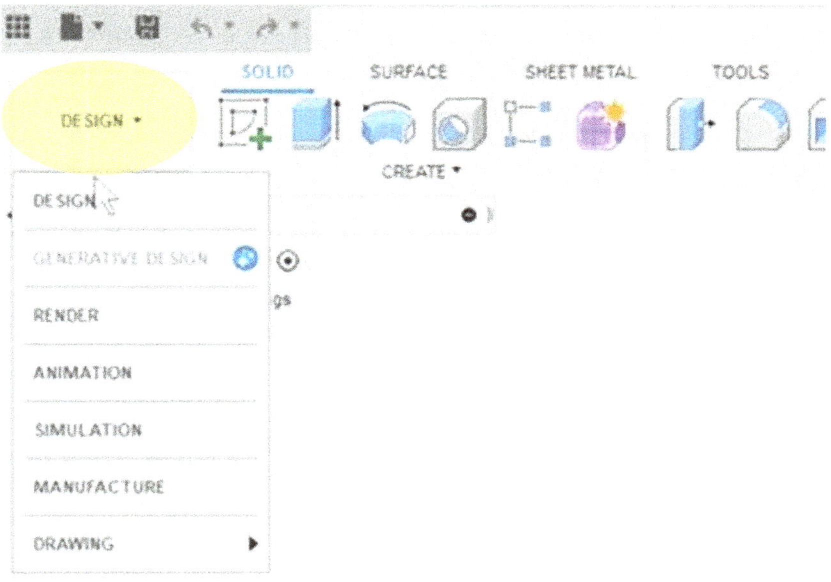

Figura 6: La elección entre las distintas subáreas de Fusion 360

En esta primera sección nos ocuparemos primero de la subfunción "Design", es decir, de la construcción de CAD.

Hay cinco pestañas de menú diferentes en la sección de Diseño. "Solid", "Surface", "Mesh", "Sheet Metal" y "Tools". Aparte de "Tools", estas pestañas de menú tienen una estructura idéntica. Cada una de ellas contiene las áreas "Create", "Modify", "Assemble", "Construct", "Inspect", "Insert" y "Select".

Figura 7: Las diferentes pestañas de la sección de Diseño

Dependiendo de lo que quiera diseñar, tiene que elegir una de las tres secciones. Si quiere crear un sólido, se queda en la sección "Solid", si sólo quiere crear una superficie, utiliza la sección "Surface" y si quiere crear una pieza de chapa, pasa a la pestaña "Sheet Metal". En este curso nos ocuparemos principalmente de la sección "Solid", que abarca todas las características de diseño importantes de un curso básico. Dejaremos de lado la sección "Tools", ya que conoceremos las funciones de esta pestaña en otros puestos.

Por último, nos adentraremos en las diferencias y peculiaridades de la "Surface" y la "Sheet Metal".

Como he dicho, las tres fichas tienen una estructura relativamente idéntica. Echemos un vistazo más de cerca. En la zona "Create" de las pestañas se encuentran todas las funciones con las que puede crear algo de forma sencilla. En la zona "Modify", en cambio, se encuentran todas las funciones con las que puede modificar un objeto ya creado. En el área "Assemble" se encuentran todas las funciones para ensamblar piezas individuales y en el área "Construct" todas las ayudas para la construcción, como planos, ejes o puntos auxiliares. El área "Inspect" contiene herramientas para analizar, por ejemplo, las curvas o las propiedades de la masa de una pieza. Las últimas áreas "Insert" y "Select" son relativamente autoexplicativas.

Figura 8: Comandos de las distintas secciones del menú en el área de "Design"

No se asuste por la multitud de elementos y características, en el transcurso del curso conoceremos los elementos individuales paso a paso y en detalle mediante una forma de trabajo práctica. Por lo tanto, sólo esta breve y clara mención.

Si nos fijamos en la zona de la capa de dibujo, encontramos el árbol de estructura del archivo de construcción en la zona de la izquierda. Aquí encontramos ajustes específicos para la unidad documental, que podemos editar haciendo clic en el pequeño icono del lápiz. Además, todas las vistas, así como el origen, las capas y los ejes están disponibles aquí.

Sin embargo, la función principal de esta estructura de árbol es enumerar los componentes, cuerpos, elementos constructivos, etc. que se han creado para poder activarlos/desactivarlos o editarlos. Más adelante veremos cómo funciona esto. También es muy bueno que adquiera el hábito de nombrar los componentes individuales, las juntas y posiblemente los bocetos y las capas desde el principio, para poder orientarse más fácilmente después. Basta con hacer doble clic en el elemento e introducir un nuevo nombre.

Figura 9: El árbol de estructura / "navegador" del archivo de construcción con carpetas individuales

En la zona superior derecha se encuentra el cubo de la órbita. Aquí puede seleccionar las vistas de la construcción actual y girar el entorno de dibujo incluyendo el objeto.

La rotación del entorno de dibujo también es posible con la tecla SHIFT pulsada y el ratón movido al mismo tiempo. El desplazamiento es posible con la rueda del ratón pulsada y un movimiento del ratón. La función de zoom se realiza como siempre girando la rueda del ratón.

Haciendo clic con el botón derecho del ratón, podemos llamar al menú de selección rápida, con el que se pueden ejecutar rápidamente diversos comandos. Muévase hacia adelante y hacia atrás entre los menús sin hacer clic.

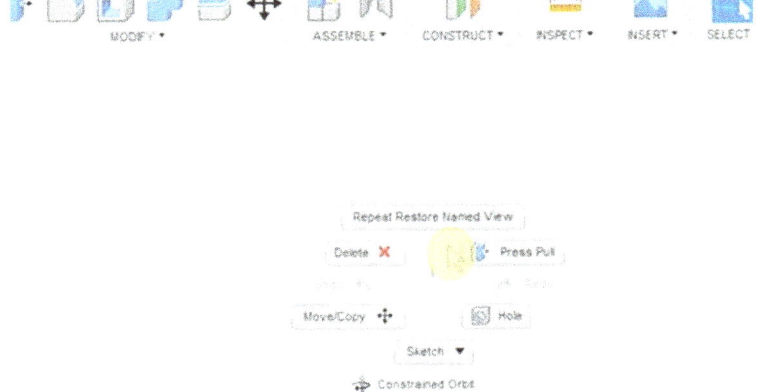

Figura 10: Menú de selección rápida (se abre con un clic derecho en la capa de dibujo)

En la zona inferior del entorno de dibujo encontramos la posibilidad de anotar comentarios sobre la construcción en la parte inferior izquierda y una barra de selección rápida en la zona central, con la que también son posibles algunas funciones básicas, especialmente para la visualización.

Por último, la barra situada en la parte inferior es la línea de tiempo, en la que se enumeran los distintos pasos de la tramitación y se puede recorrer fácilmente de forma cronológica. Veremos qué significa esto en términos concretos.

Figura 11: Zona inferior del entorno de dibujo

Muy bien, ahora ya podemos orientarnos en el entorno del programa y podemos empezar con el siguiente capítulo.

Como ya se ha mencionado, los programas CAD comunes funcionan de forma muy idéntica. Ahora nos gustaría echar un vistazo a esta forma de trabajar.

Sección I: Construcción / Diseño CAD

3 Conceptos básicos del DAO: Función y modo de funcionamiento

3.1 Entorno de dibujo 2D

Cada componente 3D debe iniciarse primero como un boceto 2D. Con esto definimos la "planta" del objeto, por así decirlo. Imagine que está mirando la parte superior de un objeto tridimensional simple. Por ejemplo, ¿qué se ve en un cilindro cuando se mira desde arriba, en un ángulo recto perfecto con respecto al eje?

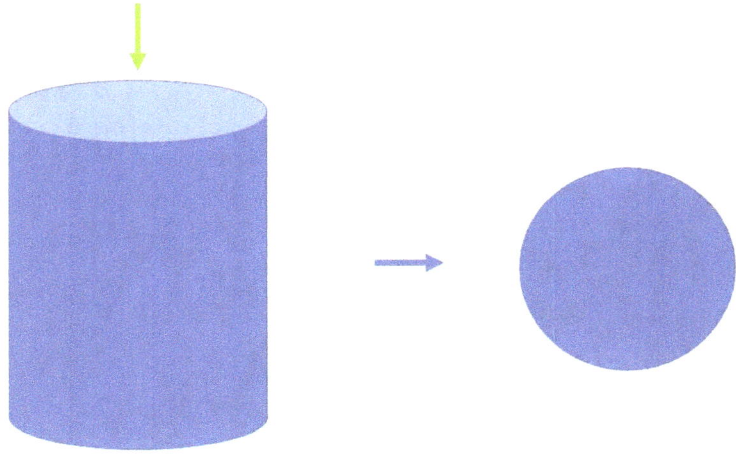

Figura 12: Un cilindro tridimensional tiene como forma básica un círculo 2D

Correcto, un círculo bidimensional, nada más. Y es precisamente a partir de esta forma 2D que el cilindro se crea también en el programa CAD, de forma análoga a todos los demás elementos. Es precisamente esta geometría del círculo la que tenemos que dibujar para este objeto, por ejemplo, en el primer paso. La forma tridimensional se obtiene entonces mediante otros pasos de mando. Para el croquis 2D, por ejemplo, también se puede considerar la superficie superior de un objeto o una superficie lateral, o incluso una superficie parcial. Esto requiere algo de imaginación espacial.

Antes de realizar el primer boceto en 2D, puede, si lo desea, desmarcar la opción "Layout Grid" para el entorno 3D en la barra de menú inferior. Entonces se suprime la rejilla y se obtiene una visualización sin rejilla, que en mi opinión representa el objeto construido de forma más purista y más bella. Sin embargo, este ajuste es una cuestión de gusto y no tiene por qué hacerse.

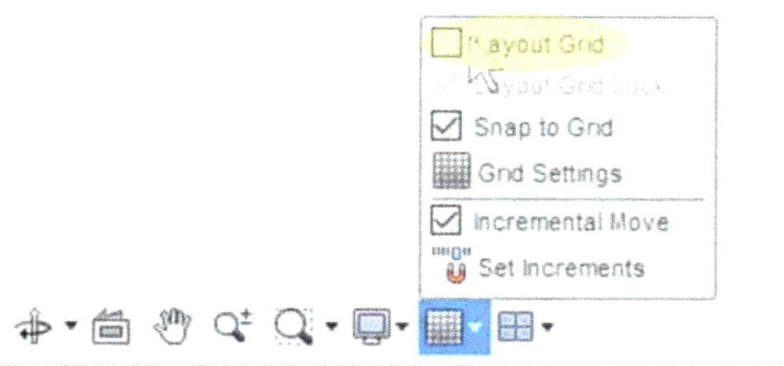

Figura 13: En la zona inferior de la capa de dibujo, desactive la "Layout Grid" si es necesario.

Intentemos ahora construir nuestro primer componente. Para ello, como ya hemos mencionado, debemos crear primero un croquis bidimensional. Al comienzo de un croquis, en el área de "Design", seleccione "Create Sketch" en el menú desplegable y, a continuación, seleccione un plano del espacio tridimensional en el que queremos dibujar nuestro croquis 2D.

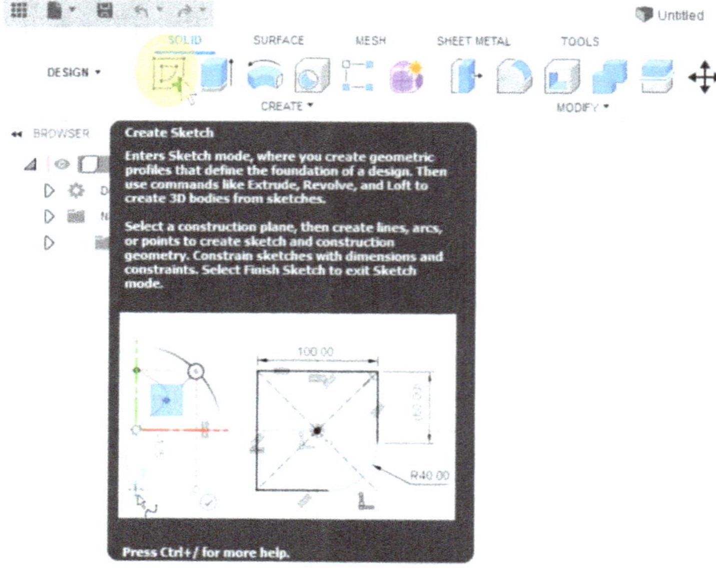

Figura 14: Selección de "Create Sketch"

También puede seleccionar el plano de croquis en el árbol de estructuras de la izquierda. En nuestro ejemplo con el cilindro, queremos observar la superficie circular o superior desde arriba, por lo que debemos seleccionar el plano x-y, es decir, el plano que forma los ejes x e y.

Figura 15: Selección de un plano de croquis, por ejemplo el plano x-y

El plano que elija sólo es importante básicamente para la alineación de las vistas. El programa abre entonces el plano de croquis seleccionado. Como observará, en la zona superior se abre automáticamente la barra de menús "Sketch", con la que podrá crear elementos geométricos en 2D y modificarlos, así como crear las llamadas "Constraints" o dependencias o, en otros programas, relaciones, enlaces o condiciones.

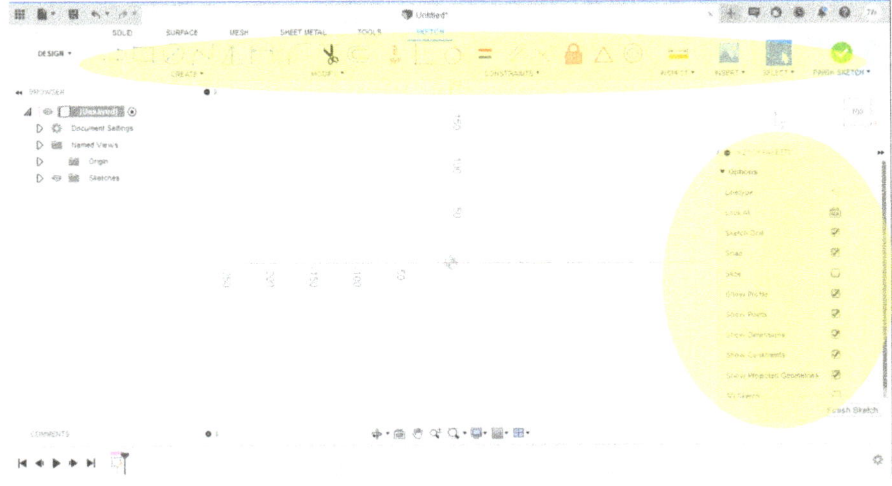

Figura 16: Entorno de croquis 2D en Fusion 360

Además, las conocidas opciones de menú "inspect", "Insert" y "Select", es decir, "Comprobar, Insertar, Seleccionar", así como la opción de abandonar el plano de croquis 2D y finalizar el croquis. Además, la "Sketch Palette" en el lado derecho con opciones útiles para la visualización y con ajustes para el entorno de bocetos.

Ahora se dispone de una variedad de elementos de dibujo básicos para crear la geometría de un boceto en 2D. Seleccionando una línea, por ejemplo, se puede formar una geometría a partir de elementos con forma de línea. Probemos esto. Para ello, basta con hacer clic en cualquier punto, por ejemplo, en el centro del sistema de coordenadas, e iniciar un dibujo haciendo clic y arrastrando con el ratón.

El dibujo debe corresponder, por ejemplo, a la sección transversal del objeto 3D deseado o, en el caso de los objetos simples, a la superficie superior o a la sección transversal del objeto. Introduzca al mismo tiempo las dimensiones deseadas con el teclado. Puede cambiar entre la medición y el ángulo utilizando la tecla de tabulación. También puede dibujar libremente y utilizar los valores mostrados como guía, o añadir o cambiar las dimensiones y los ángulos más tarde.

Si las opciones "Sketch Grid" y "Snap" están activadas en la "Sketch Palette", puede seleccionar los puntos de la rejilla del entorno de dibujo con el ratón como si tuviera un imán. Los pequeños símbolos que aparecen son las "Constraints" o dependencias de los respectivos elementos. Los analizaremos más detenidamente dentro de un momento.

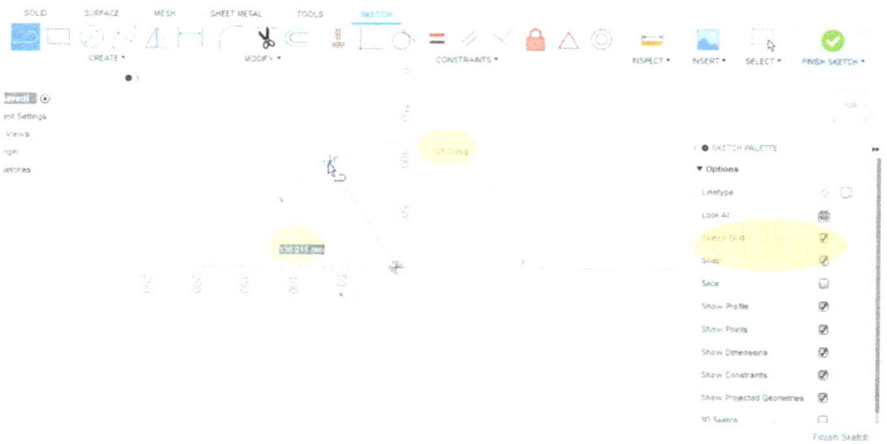

Figura 17: La primera línea de un boceto 2D

Además de una línea, también puede crear un círculo, una elipse, una curva de forma libre, un arco, un agujero oblongo o un rectángulo. Vamos a probarlos uno tras otro. En el menú "Create" también encontrará: un punto, diferentes arcos y otros elementos diversos, así como la posibilidad de crear cotas. Lo mejor es probar todos los elementos al menos una vez. Para ello, basta con hacer una breve pausa y comenzar de forma independiente en el entorno de bocetos del programa CAD. Lo mejor es utilizar este procedimiento durante todo el curso. Esta es la forma más eficaz de aprender.

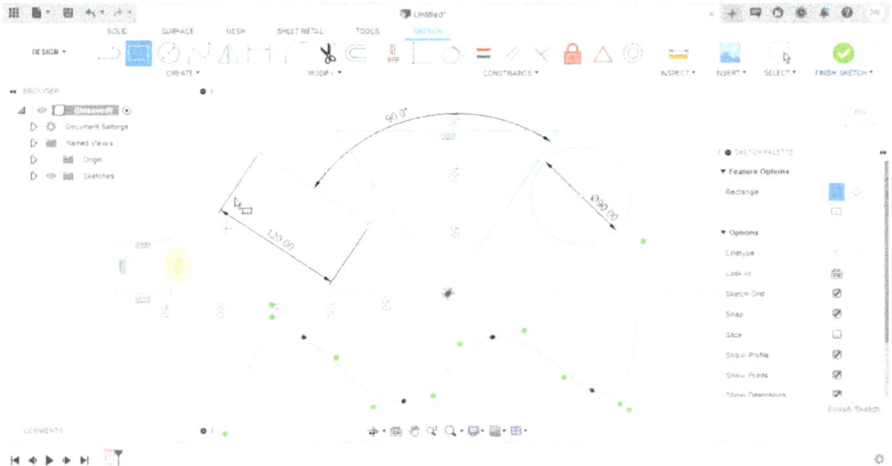

Figura 18: Primeros ejercicios de croquis en el área de croquis 2D

Otro consejo sobre los elementos geométricos acabados, como el rectángulo o el círculo: al dibujar, observará que el rectángulo, por ejemplo, siempre parte de una esquina. Sin embargo, si desea que el rectángulo comience desde el centro, puede realizar el ajuste, a menudo muy útil, de "Rectángulo central" o "Rectángulo de 3 puntos" en la "Sketch Palette" en "Feature Options". Esta opción de ajuste también está disponible para otros elementos, como el círculo, donde puede -si lo desea- crear también un círculo tangencial. Eche también un vistazo a los demás elementos de la "Sketch Palette". Hay diferentes funciones para cada elemento.

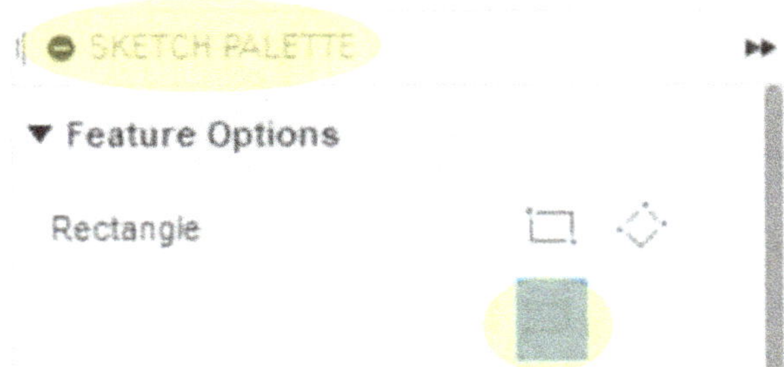

Figura 19: Inicio del rectángulo desde el punto central

Antes de concluir este capítulo, conozcamos, como prometimos, el mundo de las "Constraints" / dependencias. Puede utilizarlos en el entorno de croquis 2D y usarlos para crear Constraints entre los elementos geométricos individuales. Esto es a veces, pero no siempre, necesario o útil.

A continuación, examinaremos más detenidamente las "Constraints" más importantes. Empecemos por las limitaciones horizontales y verticales. Supongamos que intentamos dibujar un rectángulo a mano alzada y obtenemos un polígono cuyas líneas lamentablemente no representan un rectángulo. Seleccionando la restricción "horizontal" podemos obtener dos líneas perfectamente horizontales haciendo clic en la línea superior e inferior.

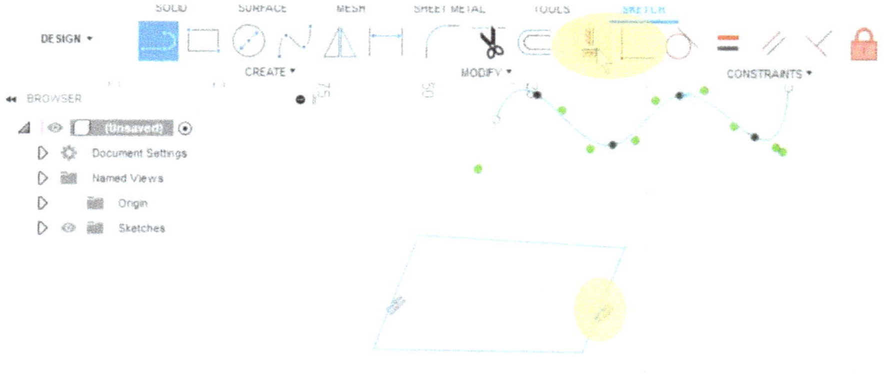

Figura 20: Uso de "Constraints" / dependencias y símbolo

De forma idéntica aplicamos la condición "vertical" a las líneas laterales y finalmente obtenemos un rectángulo. Como podemos ver, estas condiciones se muestran como pequeños símbolos junto a la línea respectiva y también se sugieren al crear un boceto. En la "Sketch Palette" también puede ocultar estas condiciones, así como las áreas, los puntos y las cotas.

Con la relación "concentric" se pueden colocar dos estructuras circulares concéntricas entre sí. Dibujemos un círculo grande y otro un poco más pequeño. Queremos obtener dos círculos concéntricos, es decir, dos círculos en los que los centros sean congruentes. Lo conseguimos seleccionando la dependencia correspondiente y los dos círculos.

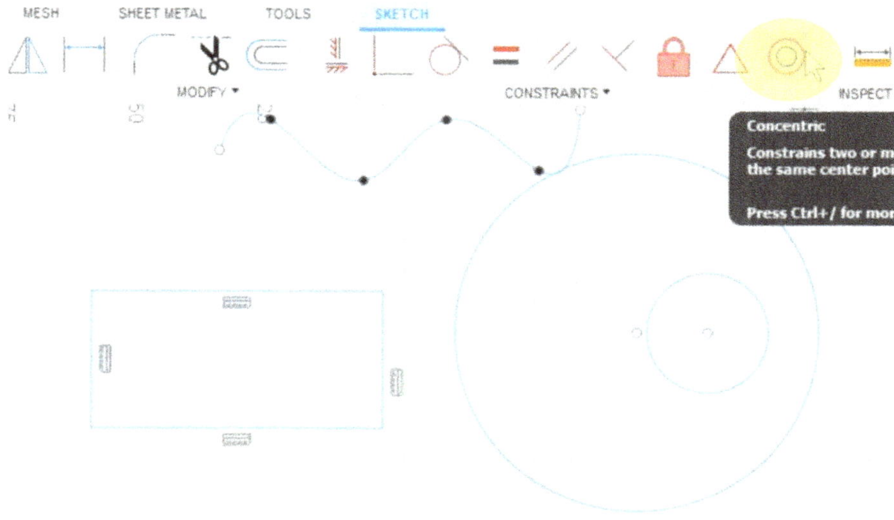

Figura 21: La dependencia "concentric"

Las dos Constraints: "Perpendicular" y "Parallel" son relativamente autoexplicativas. No obstante, veamos un pequeño ejemplo con dos líneas cada uno. Para la función "Perpendicular" dibujamos las dos líneas siguientes. Al seleccionar la condición y seleccionar las líneas, obtenemos como resultado dos líneas perpendiculares entre sí.

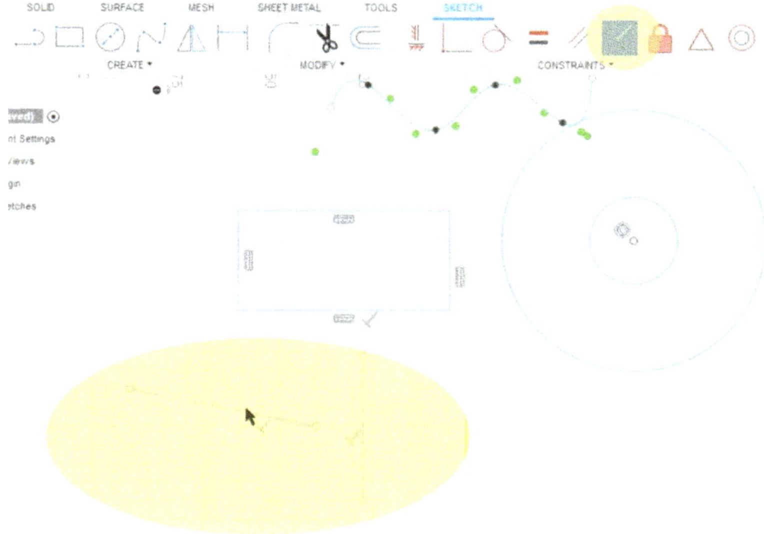

Figura 22: La dependencia "Perpendicular"

Para "Parallel" dibujamos dos líneas más y obtenemos dos líneas perfectamente paralelas seleccionando la condición.

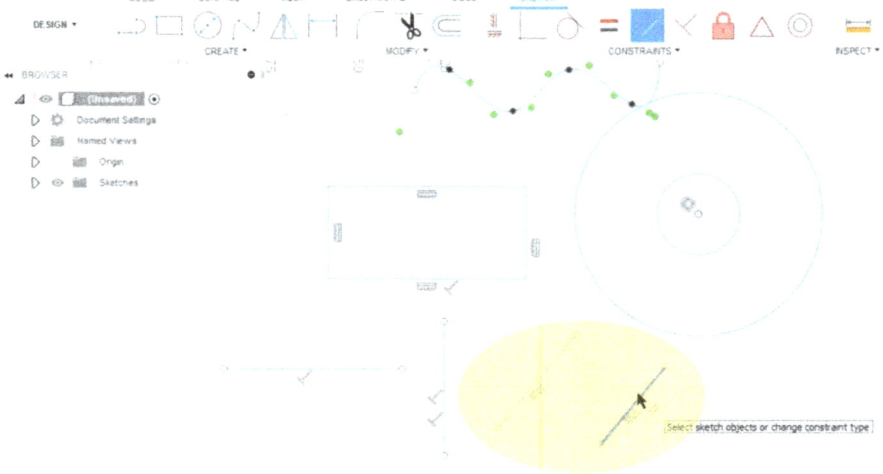

Figura 23: La dependencia "Parallel"

Siempre utilizamos las "Constraints": "Coincident", es decir, congruente, y "Midpoint", es decir, punto medio, cuando queremos conectar dos puntos entre sí o conectar un punto de un elemento con el punto medio de otro elemento. Para ilustrarlo, dibujemos un rectángulo y dos líneas. Queremos conectar la primera línea con un punto de la esquina del rectángulo y la segunda línea con el punto medio de una de las líneas del rectángulo.

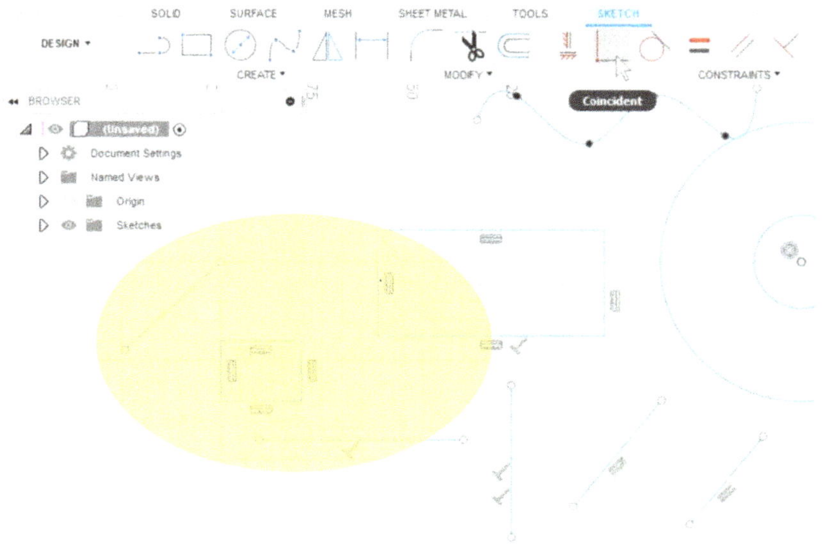

Figura 24: Dependencia "Coincident" y "Midpoint"

Por cierto: también puede aplicar varias "Constraints". Por ejemplo, también podríamos aplicar la restricción horizontalmente a una línea.

Echemos un vistazo a la condición "Tangent". Como el nombre y la pequeña imagen ya indican, podemos utilizarlo para fijar una línea tangencial a un círculo, por ejemplo. Vamos a probarlo. Primero dibuje el círculo, luego una línea y después aplique la condición.

Figura 25: Dependencia "Tangent" y otras dependencias disponibles

Pruebe usted mismo las dos "Constraints" restantes: "Fix/Unfix" e "Equal". No puede equivocarse y el nombre es relativamente autoexplicativo. La condición "Fixed" simplemente fija un elemento en su lugar en el plano de dibujo y "Equal" asegura que existe la misma acotación entre los elementos.

Para concluir estos primeros ejercicios de croquis en 2D, dibuje un círculo en un nuevo archivo, al que podrá dotar de dimensiones ficticias mediante la función "Sketch Dimension". Por ejemplo, seleccione un diámetro de 50 mm. Sólo tiene que dibujar el círculo y seleccionar la herramienta "Sketch Dimension". Aquí hay dos caminos, ambos conducen a la meta: Puede dibujar un círculo con las dimensiones ya correctas introduciendo los valores con el teclado mientras dibuja. Utilice la tecla del tabulador para cambiar entre los distintos campos para introducir las dimensiones. Alternativamente, puede dibujar cualquier círculo y luego cambiar las dimensiones. Hágalo con la función "Sketch Dimension" y haga doble clic en la cota. A continuación, introduzca el valor deseado y confirme con la tecla Enter.

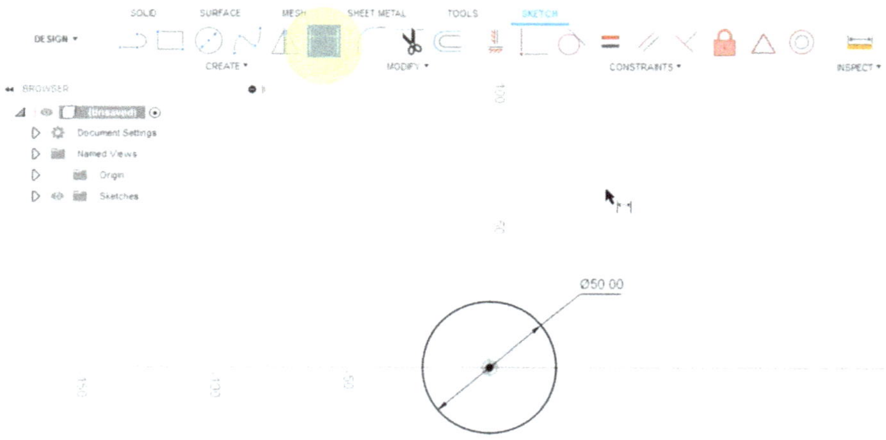

Figura 26: Un círculo simple iniciado en el punto central de coordenadas

También puede acotar la distancia entre dos líneas. Para ello, basta con hacer clic primero en la primera línea y luego en la segunda cuya distancia desea acotar.

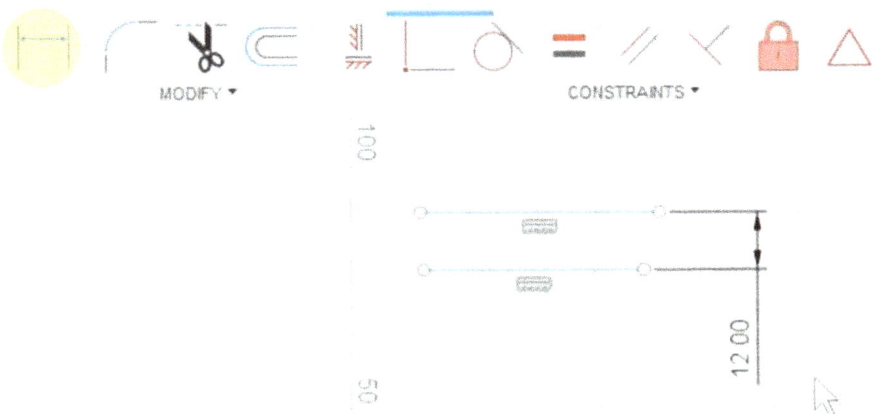

Figura 27: Dimensionamiento de la distancia entre dos líneas

A continuación, puede salir del modo de boceto con la marca verde de la barra de menú superior.

Para crear un objeto tridimensional, es importante que el boceto esté completamente cerrado y no tenga huecos. Así lo indica la zona con fondo azul claro en este caso en modo 3D, que rellena la superficie del boceto. Significa que el croquis tiene líneas limítrofes continuas sin huecos y, por tanto, representa una superficie cerrada.

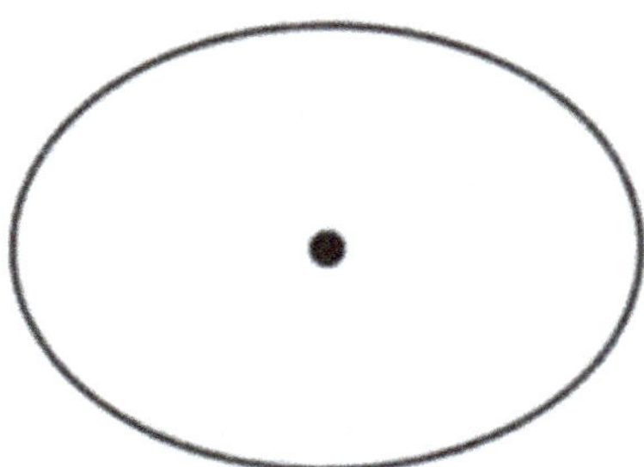

Figura 28: Área circular esbozada en modo 3D con fondo azul

Una vez terminado el boceto, mueva el entorno de construcción con el ratón o con la ayuda del sistema de coordenadas de la parte superior derecha. Por cierto, con un doble clic en la rueda del ratón puede encajar un objeto en la vista actual, lo que resulta muy útil si se encuentra muy lejos en el espacio virtual y ya no puede ver un objeto.

En el próximo capítulo crearemos un objeto tridimensional a partir del boceto 2D que hemos realizado. Muy bien, ¡está haciendo buenos progresos!

Pronto llegaremos ya al primer proyecto de construcción real!

3.2 Entorno de objetos 3D

En este capítulo queremos ahora crear un objeto 3D a partir de la superficie 2D previamente esbozada. Para ello, utilizaremos las funciones de la sección "Create". Para crear un cilindro, utilizamos probablemente la función más utilizada de este menú. Utilizamos el comando "Extrude". Esta función es la llamada orden de extrusión. Por ello, en otros programas de CAD encontrará a menudo la denominación "Extrusión" o "Extrusión lineal" o similar.

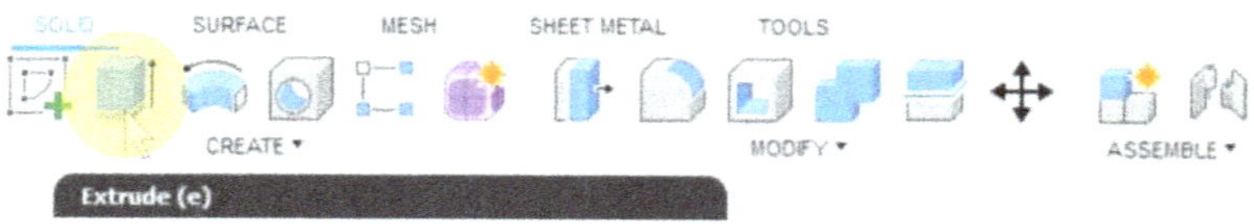

Figura 29: El comando "Extrude" en el área "Create"

Ahora sólo tiene que seleccionar la función y la superficie y, tras seleccionar la flecha azul que se muestra, mover el ratón dentro del rango de movimiento posible y crear un objeto 3D de este modo. También puede introducir la dimensión deseada y confirmar con Enter.

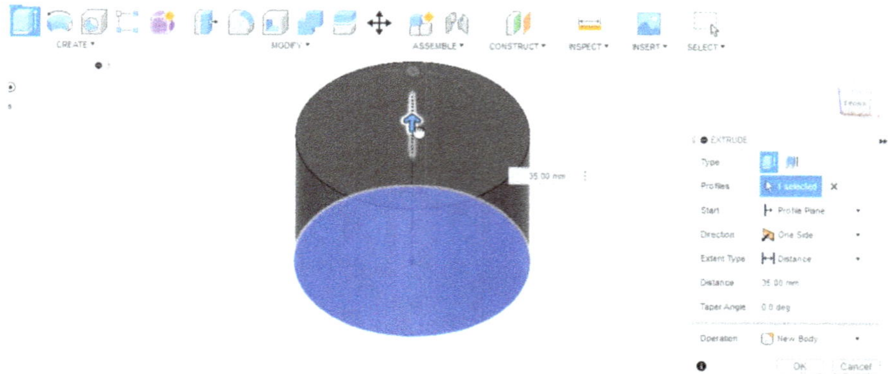

Figura 30: Uso del comando "Extrude" para crear un cuerpo 3D a partir de la superficie 2D

Antes de ocuparnos de los demás comandos del menú "Create", utilizamos el cilindro construido para conocer primero los comandos más importantes de la sección "Modify". Utilizamos esta sección siempre que queramos modificar un objeto ya construido. Por ejemplo, podemos redondear una o varias aristas con la función "Fillet". Basta con seleccionar la función y seleccionar uno o varios bordes. De nuevo aparece una flecha, que utilizamos como con el comando "Extrude". En la ventana adicional que aparece, podemos cambiar otras opciones si es necesario.

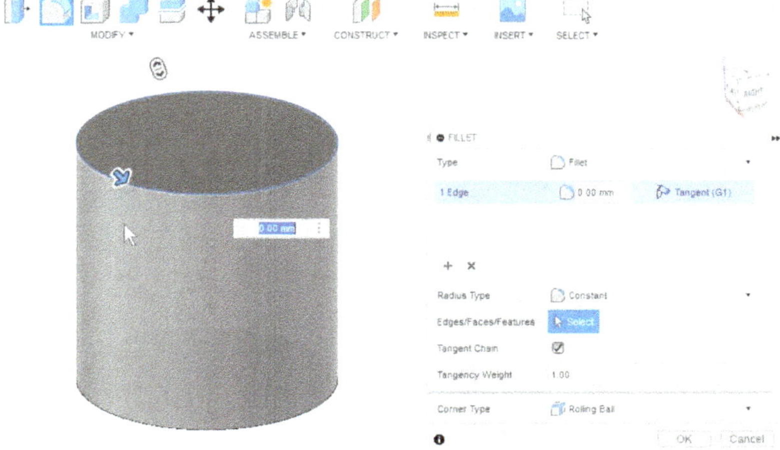

Figura 31: Fileteado de bordes con el comando "Fillet"

De forma análoga podemos crear un chaflán con "Chamfer".

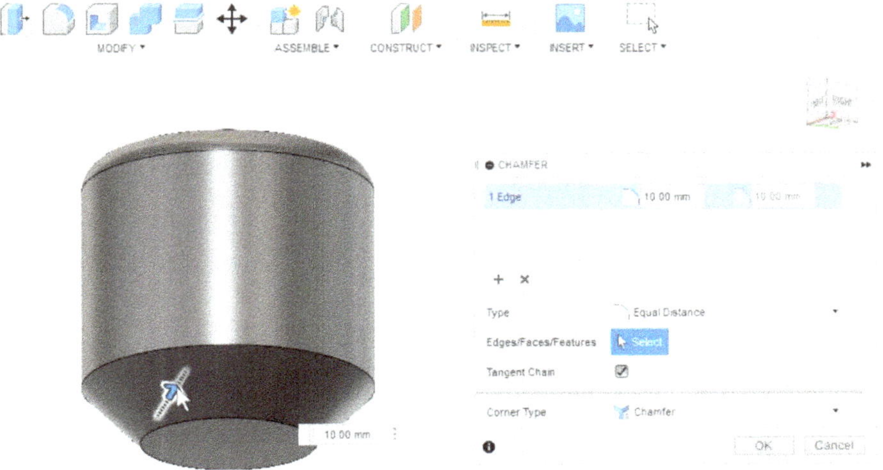

Figura 32: Creación de un chaflán con el comando "Chamfer" del menú "Modify"

Con el muy versátil comando "Press Pull" podemos realizar una variedad de cambios en un objeto de forma muy rápida. Por ejemplo, en función de la superficie o la arista seleccionada, podemos hacer un filete o simplemente cambiar el diámetro o la dimensión del objeto. Otro comando importante es "Shell". Con la ayuda de este comando puede ahuecar fácilmente un objeto, es decir, crear un objeto 3D de paredes finas. Seleccione el mando y la superficie superior del cilindro e introduzca un grosor de pared o utilice la flecha.

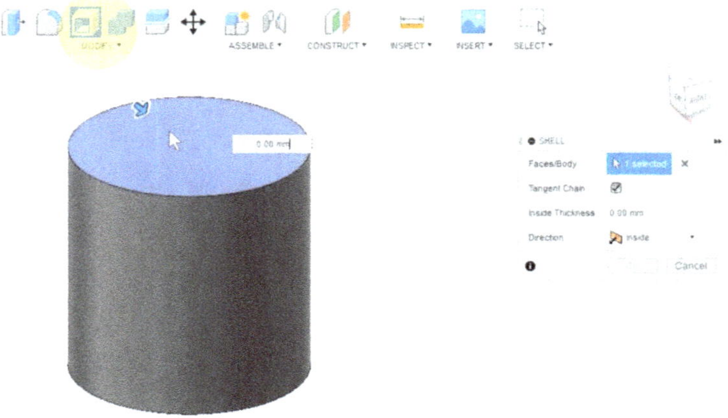

Figura 33: Uso del comando "Shell" para ahuecar un objeto

Bastante sencillo, ¿no? Ahora que conocemos los comandos más importantes de esta sección, pasemos de nuevo al menú "Create". Además de "Extrude", encontramos los importantes comandos "Revolve", "Sweep", "Loft", "Hole" y "Thread". Las explicaciones y las imágenes de ejemplo del software son muy claras, útiles y ya nos dan una primera pista de lo que pueden hacer estos comandos. Veremos cómo utilizar estas funciones con más detalle en el próximo capítulo, ya que está relacionado con la forma de trabajar en la construcción CAD.

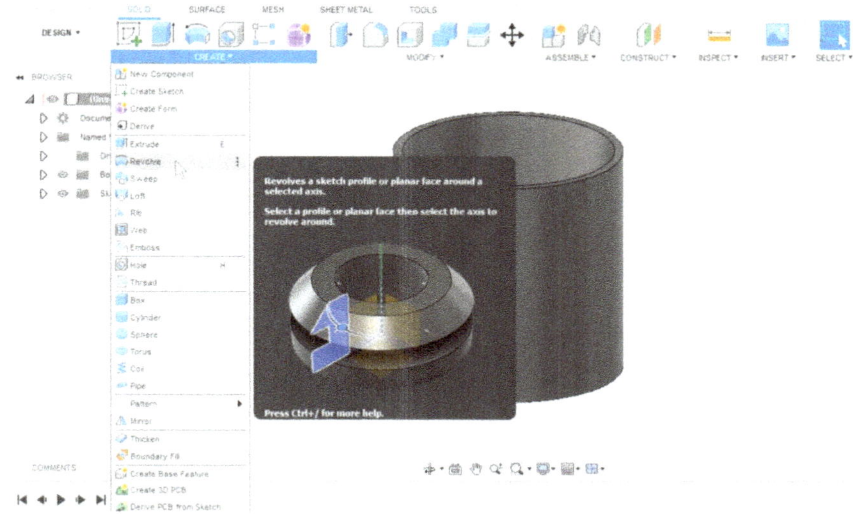

Figura 34: Todas las funciones del menú "Create"

En Fusion 360, por cierto, también es posible para algunos elementos acortar el proceso de boceto 2D a objeto 3D combinando ambos pasos, lo que sin duda puede ahorrar algo de tiempo. Por ejemplo, podemos construir inmediatamente un cuboide, un cilindro, una esfera y otros elementos con el comando correspondiente. Basta con seleccionar el comando, esbozar la base en un plano del espacio 3D y extruir el elemento. Y ahora, ¡al siguiente capítulo!

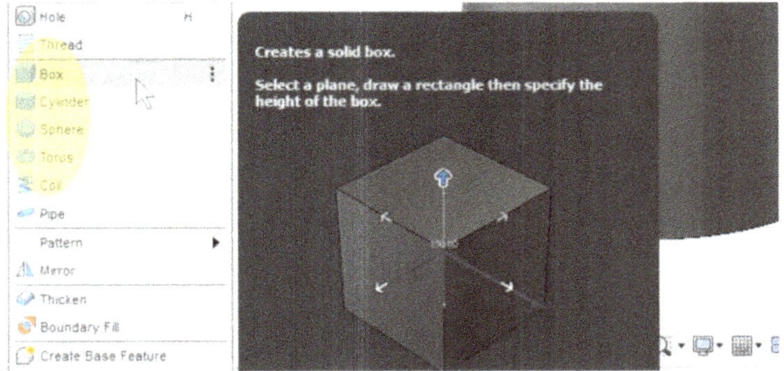

Figura 35: Comandos del menú "Create" para la creación rápida de un sólido

3.3 Métodos de trabajo de la construcción

Como ya se ha mencionado brevemente en el capítulo anterior, existen diferentes enfoques para el diseño de objetos 3D. Un posible enfoque del diseño es, por ejemplo, diseñar tal y como tendría lugar el mecanizado real -por ejemplo, el fresado o el torneado de un material de partida, el llamado producto semiacabado-. En el programa CAD, primero se crea la materia prima, en este caso, un material cuboide, y luego se procesa sucesivamente en otros pasos -con la ayuda de recortes, agujeros, filetes y otras características de diseño de forma virtual- para obtener el elemento final. Por eso este método de construcción se llama sustractivo. Se reduce el material original a través de pasos individuales de procesamiento hasta obtener el objeto deseado. Pero también hay otros enfoques, como el método aditivo. Aquí, el modelo CAD o el objeto real -como es el caso de la impresión 3D, por ejemplo- se construye elemento a elemento en lugar de quitarle material. Dentro de un momento veremos cómo funciona esto en términos concretos.

En primer lugar, abordamos el enfoque sustractivo clásico. En los siguientes pasos queremos hacer un agujero y un recorte en forma rectangular en un cubo simple. Ya he preparado el cubo. La dimensión es, por ejemplo, de 50 mm en todas las direcciones. Para crear el agujero podemos utilizar la función "Hole" de la sección "Create". Sólo tiene que seleccionar el comando y la superficie en la que colocaría el taladro en la realidad.

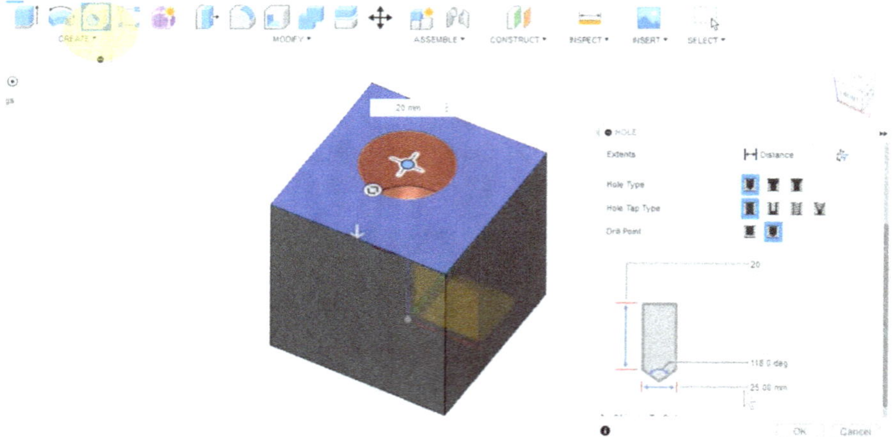

Figura 36: Creación de un agujero simple en un cubo

En la ventana de opciones que aparece, podrá seleccionar el tipo de agujero, la dimensión del mismo y los parámetros específicos del agujero. Elegimos, por ejemplo, un agujero simple, llamado ciego, con un diámetro de 10 mm y una longitud de 20 mm. También podríamos crear hilos aquí, pero más adelante hablaremos de ello.

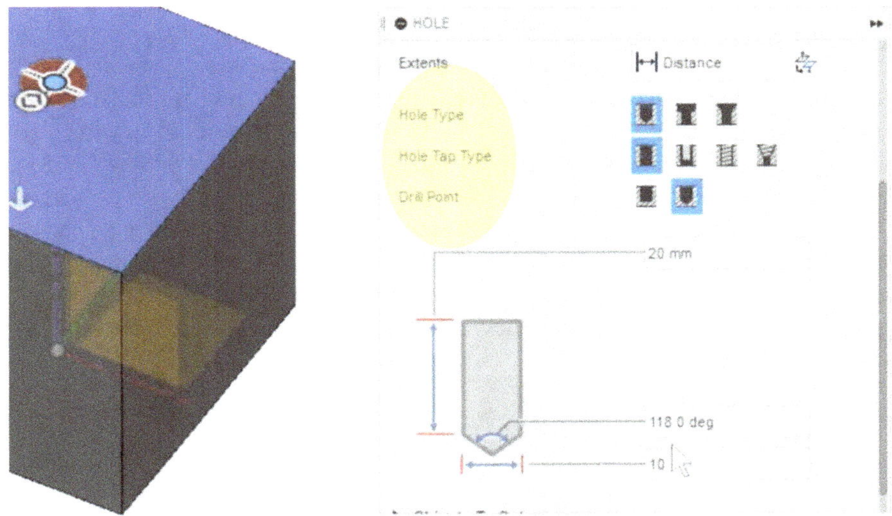

Figura 37: Selección en la ventana de la opción "Hole"

Para el recorte, primero tenemos que volver a hacer un boceto en 2D de la geometría. Para ello, haga clic en "Create Sketch" y seleccione, por ejemplo, la superficie superior del cuboide, ya que queremos introducir la sección en el cuboide de arriba a abajo.

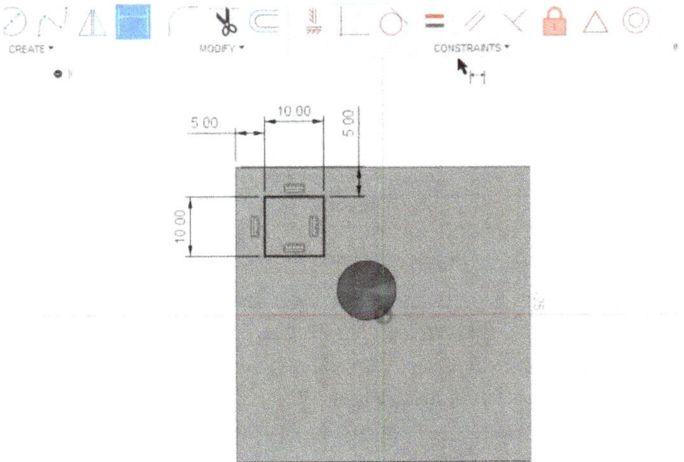

Figura 38: Realización del croquis 2D en la superficie superior para el recorte

Coloque un rectángulo en la superficie en el área del cubo con un clic e introduzca una dimensión de 10 mm cada uno. Confirme con "Enter". A continuación, definimos la posición del rectángulo en la superficie con la función "Sketch Dimension". Dado que estamos en un espacio bidimensional, es decir, boceteando en una paralela del plano x-y, necesitamos una dimensión x y otra y para definir finalmente el bocetaje, es decir, el rectángulo, de forma completa, es decir, para determinar la posición y la geometría. Introduzca las dimensiones deseadas, por ejemplo, 5 mm cada una de la arista izquierda y superior del cubo. Ahora el rectángulo está completamente acotado. Quizá haya notado que el perfil se ha vuelto negro. Esto indica que todos los grados de libertad están totalmente restringidos, es decir, que la posición del perfil en el plano está totalmente definida por las dimensiones y las dependencias, es decir, las "Constraints", y no puede moverse por sí misma en los pasos posteriores de edición. Una acotación completa y un boceto totalmente definido son muy importantes para obtener buenos resultados, cuide siempre esto. Una vez terminado el boceto, podemos crear la sección con la función "Extrude". El recorte debe atravesar completamente la pieza, por ejemplo.

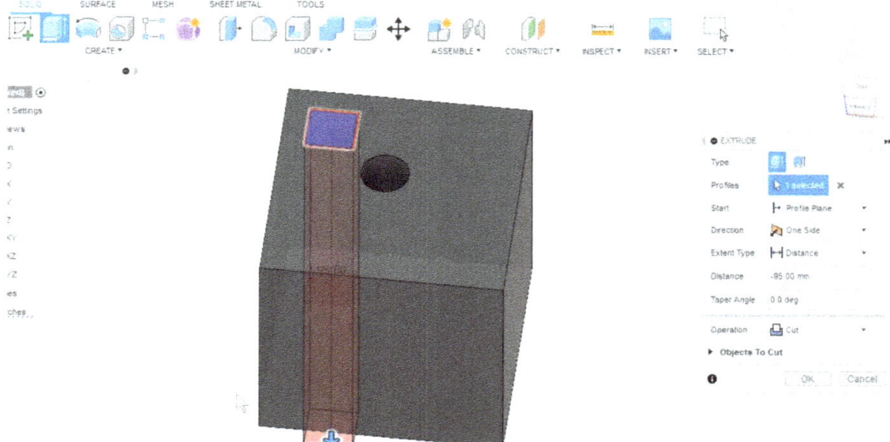

Figura 39: Creación de la sección con "Extrude"

Sin embargo, ahora se puede añadir material desde el boceto creado con la función "Extrude" en lugar de quitarlo. De este modo, puede utilizar "Extrude" en la construcción para un enfoque sustractivo pero también para la forma de trabajo aditiva. Para dejar clara la diferencia entre las dos formas de trabajar, construiremos ahora nuestra primera pieza útil muy sencilla, a saber, un perchero para colgar en una puerta. Primero con el método aditivo y luego con el método sustractivo. Por cierto, no importa el método que elija, ambos conducen a la meta. La única diferencia aquí es en términos de esfuerzo y tiempo requerido.

Para el modo de trabajo aditivo, simplemente dibujamos la sección transversal de la pieza. En este caso podemos hacerlo incluso en un solo paso. Por supuesto, también podríamos descomponer el gancho en sus cinco cuerpos rectangulares y alinearlos cuerpo a cuerpo, lo que sería más acorde con la forma aditiva real. Pero eso sería muy engorroso. Así, en el modo 2D dibujamos primero la sección transversal del gancho en un plano del sistema de coordenadas. Inicie la construcción seleccionando un nuevo croquis y el plano. Por cierto, también puede hacer clic con el botón derecho del ratón en el plano deseado en el árbol de la estructura y luego seleccionar "Create Sketch". A continuación, trazamos la primera línea como se muestra:

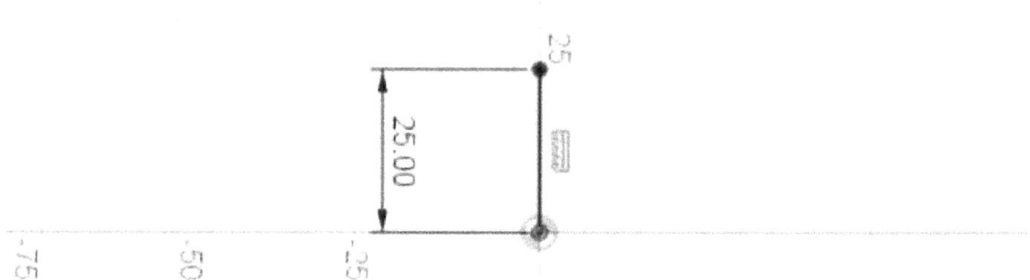

Figura 40: La primera línea del croquis 2D de la sección transversal para el gancho de abrigo simple

Complete el perfil con las siguientes líneas y dimensiones. Simplemente, ¡trace!

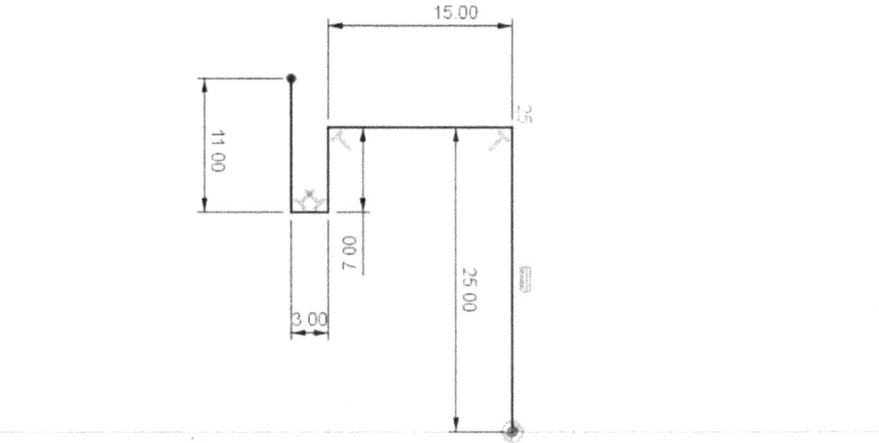

Figura 41: Líneas continuas para el perfil de la sección transversal

A continuación, complete el perfil de la sección transversal con más líneas, como se indica a continuación:

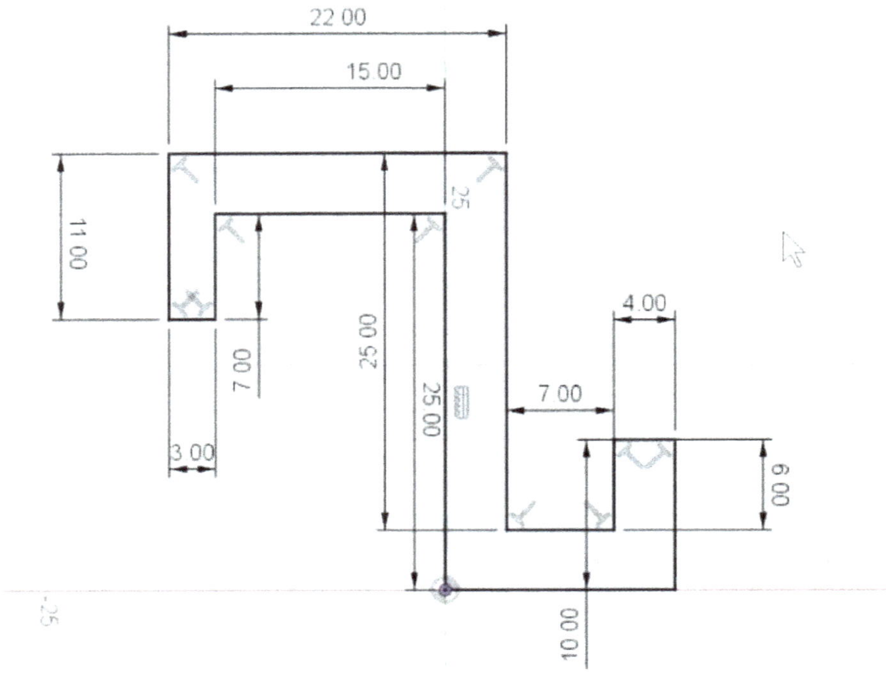

Figura 42: Sección transversal completa del gancho de ropa en el croquis 2D

A continuación, podrá abandonar el entorno de croquis 2D y pasar así al modo 3D. Seleccione la función "Extrude" y cree un cuerpo tridimensional a partir de la sección transversal 2D arrastrando en la dirección de la flecha mostrada. Introduzca una dimensión de 15 mm mediante el teclado.

Figura 43: Creación del gancho de ropa con el comando "Extrude" en el entorno 3D

¡Eso es! Ahora nos gustaría utilizar la metodología de construcción sustractiva para el mismo gancho a modo de ilustración.

Para ello, dibujamos un rectángulo con las dimensiones 33 mm y 29 mm en modo de boceto 2D en un nuevo documento y creamos un cuboide con un grosor de 15 mm utilizando la función "Extrude". De este modo, creamos virtualmente primero el material básico, el llamado producto semiacabado, a partir del cual se troquelaría el gancho en la realidad, por ejemplo, o se cortaría con láser o chorro de agua. Sin embargo, en este caso, el gancho probablemente se cortaría de una pieza de chapa y se crearía con la ayuda de una máquina dobladora, lo que tendría más sentido.

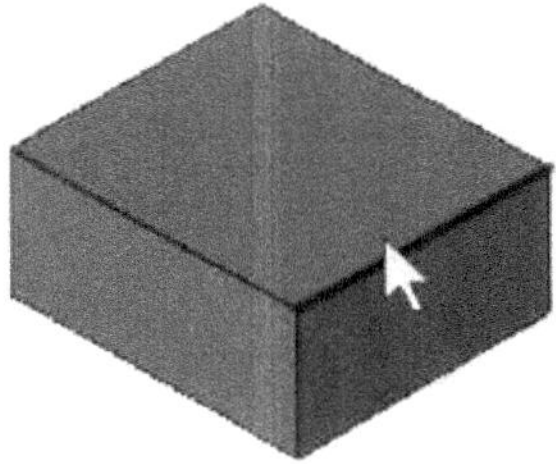

Figura 44: El material de partida para la metodología de diseño sustractivo

A continuación, dibujamos los recortes en el material sólido. Para ello, primero creamos un boceto en 2D en la superficie superior - o, por supuesto, en la inferior. Primero esboce la mitad izquierda del recorte para la geometría del gancho de ropa.

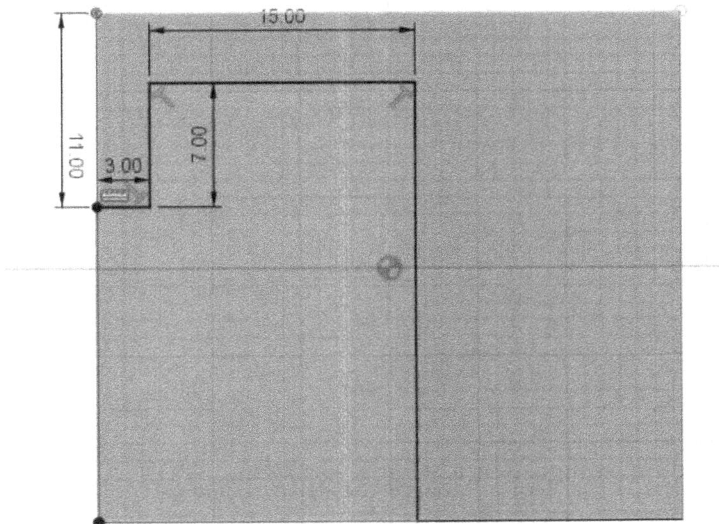

Figura 45: La mitad izquierda del recorte para el gancho del abrigo

Y luego la mitad derecha. Dibujamos el negativo del gancho de ropa en el material sólido, por así decirlo. Asegúrese de que haya superficies, es decir, que cierre los perfiles en los bordes del rectángulo con líneas.

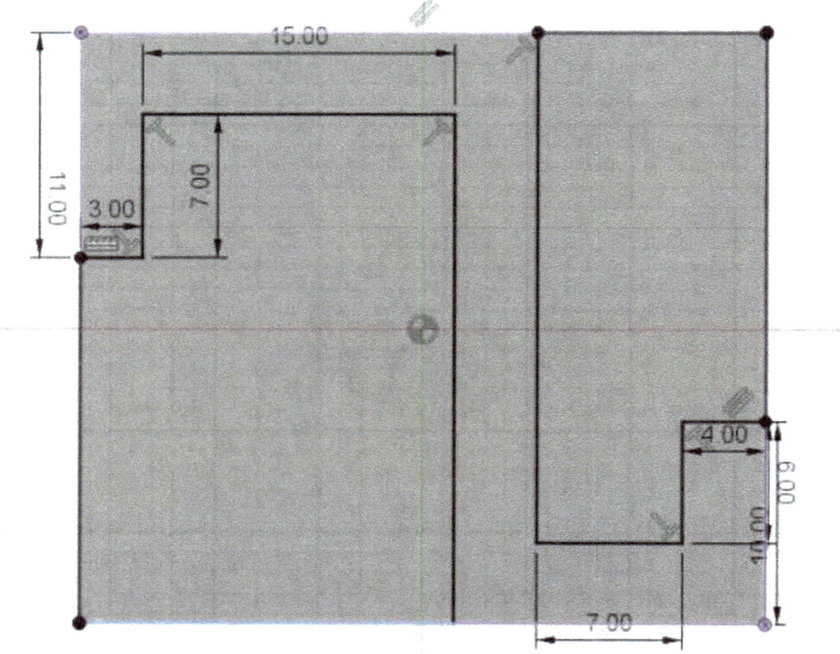

Figura 46: La mitad derecha del recorte para el gancho del abrigo añadido

A continuación, puede volver a utilizar la función "Extrude" para recortar las dos superficies dibujadas del sólido.

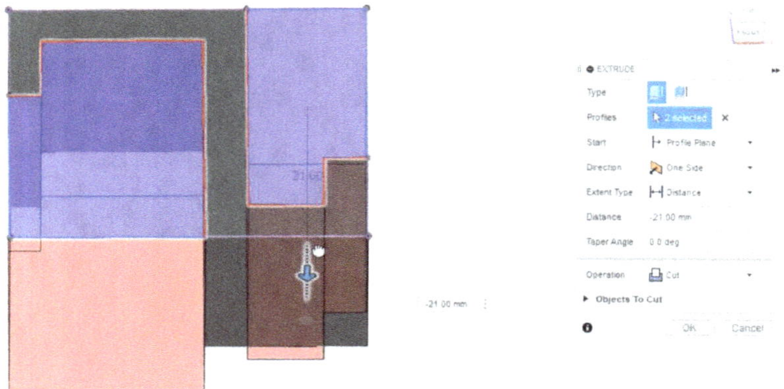

Figura 47: Recorte de las superficies dibujadas en modo 3D

Dos enfoques para una solución idéntica. Una bastante sencilla, la otra un poco más elaborada. Veamos ahora otras formas posibles de trabajar en la construcción.

Además de las funciones "Hole" y "Extrude", hay algunas funciones más en la sección "Create" que nos gustaría ver brevemente en este capítulo. Por un lado, está el comando "Revolve". Puede utilizarlo siempre que quiera construir una pieza con un eje de rotación, por ejemplo, una pieza que en la realidad se mecanizaría girando. Para ello, basta con dibujar una sección transversal en uno de los planos, por ejemplo, el plano x-z o y-z. ¿Por qué estos aviones? Porque queremos que la "z" sea nuestro eje de rotación. Pero también podría utilizar el plano x-y y luego utilizar y como eje de rotación. Echemos un vistazo más de cerca. Siéntase libre de dibujar junto con él. Por ejemplo, creamos el siguiente perfil básico de un tornillo en el entorno 2D. Pequeña pista: Tenemos que dibujar una mitad de la sección transversal del cuerpo 3D.

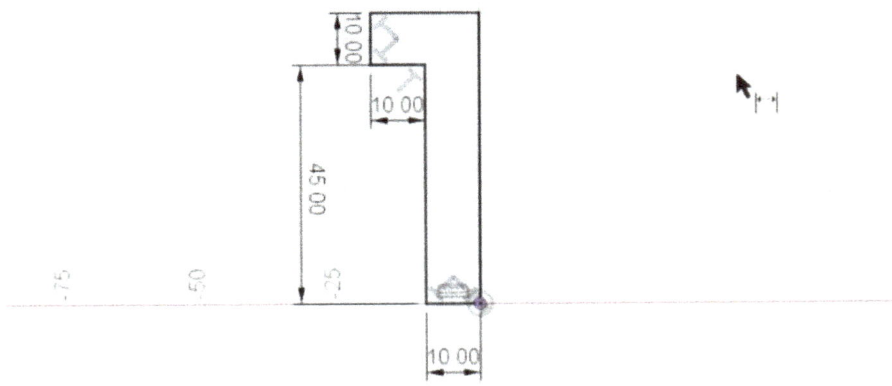

Figura 48: La mitad de la sección transversal de un tornillo en modo de croquis 2D

Tras finalizar el boceto y seleccionar el comando "Revolve", primero tenemos que definir nuestro eje de rotación, en nuestro caso el eje z.

Figura 49: Selección de la función "Revolve" en el menú "Create"

Como puede ver, el programa crea el sólido. Introduciendo un número de grados puede definir el rango de rotación.

Figura 50: Rotación después de seleccionar el eje y el perfil (rotación de 360°)

Por supuesto, ese tornillo también podría crearse con la ayuda de varios bocetos, de forma aditiva, con la función "Extrude". Piense por un momento en cómo funcionaría eso en este caso. ¿Ve la solución?

Pero el camino a través de la rotación suele ser mucho más rápido y elegante para una pieza tan giratoria. A esto me refería cuando mencionaba que hay varias formas de trabajar, incluso para una misma pieza. Dependiendo de la pieza, éstas son más rápidas, más lentas o más sencillas o engorrosas, pero normalmente todas conducen al objetivo. En realidad, por cierto, los tornillos no se fabrican por torneado sino laminados en la producción en masa. El hilo se produce rodando entre dos rodillos.

El comando "Sweep" siempre es útil cuando se quiere crear una pieza que siga una trayectoria algo más compleja. Veamos cómo debe entenderse esto. Para el comando "Sweep", siempre se necesita un perfil de sección transversal dibujado en 2D y una trayectoria. Esto significa simplemente una línea o un arco o "Spline" o curva de forma libre.

Figura 51: Una "spline" o curva de forma libre (de libre elección)

Por ejemplo, vamos a crear una "Spline" en la que seleccionamos el comando en un croquis 2D y dibujamos varios puntos a nuestro gusto. Pero asegúrese de que el punto final o el punto inicial es el centro de coordenadas.

Cuantos más puntos, más detallado será el contorno. Para el perfil de la sección transversal ahora tenemos que cambiar el plano. Para ello, cerramos el croquis y comenzamos un nuevo croquis en el plano y-z. Dibujamos, por ejemplo, un círculo o un rectángulo y seleccionamos el punto final del perfil depositado anteriormente en el plano x-y (centro de coordenadas).

Figura 52: Perfil terminado: círculo en el plano y-z ya dibujado y boceto terminado

Luego, cuando terminemos el boceto, en modo 3D, podemos ejecutar el comando "Sweep" y debemos seleccionar primero el perfil y luego la trayectoria.

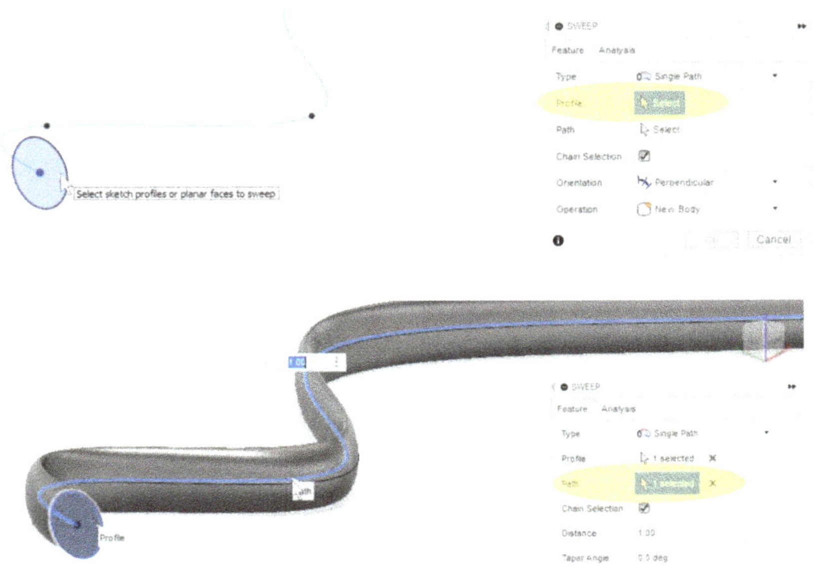

Figura 53: Seleccione primero el perfil (círculo; imagen superior) y luego la trayectoria ("Spline"; imagen inferior) Cambie entre las dos opciones de selección en la barra de menú de la derecha.

A continuación, el programa crea el sólido. En la barra de la derecha podemos seguir haciendo varios ajustes, por ejemplo, cambiar la orientación.

El último comando importante de esta sección y para este capítulo es "Loft". Con "Loft" puede, simplemente, tener dos superficies conectadas entre sí en el espacio 3D. Vamos a probarlo! Dibujamos un perfil en el plano x-y, por ejemplo, un rectángulo u otra forma.

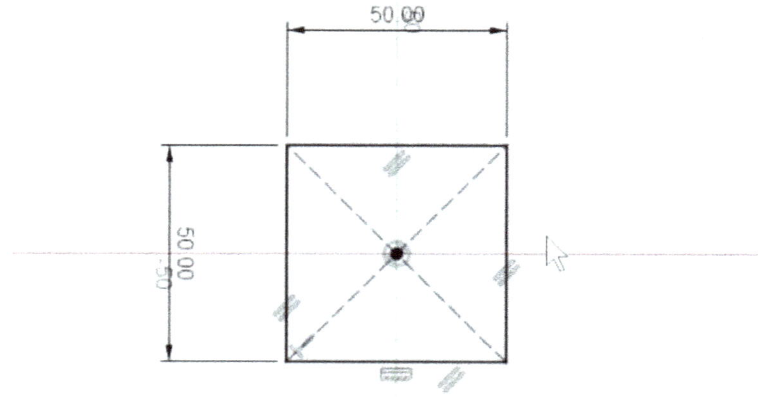

Figura 54: Primer boceto de un rectángulo en el plano x-y (dimensión de 50 mm cada uno)

A continuación, creamos primero un nuevo plano paralelo al plano x-y con un desplazamiento o offset hacia él. Esto se hace fácilmente haciendo clic con el botón derecho del ratón en el plano x-y y seleccionando "Offset Plane".

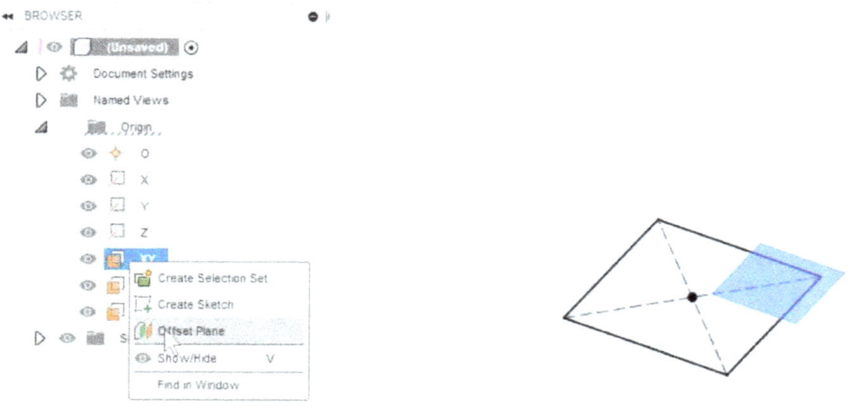

Figura 55: Creación de un plano de compensación (también es posible en el menú anterior en "Construct")

A continuación, arrastramos la flecha azul o introducimos una cota con el teclado.

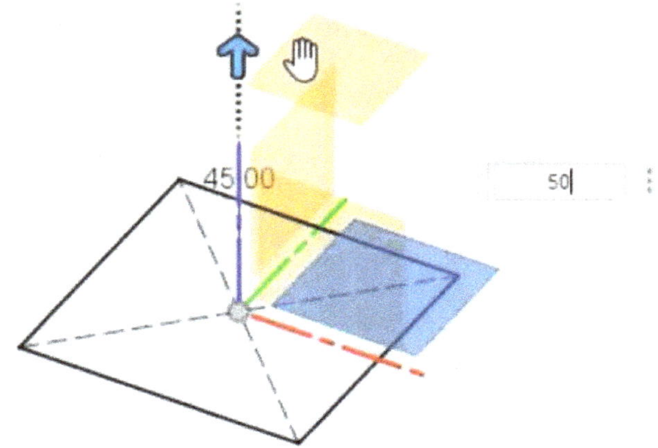

Figura 56: Creación del plano de desplazamiento de 50 mm respecto al plano x-y

En esta nueva capa dibujamos la segunda superficie de nuestro proyecto en el siguiente paso. Por ejemplo, un rectángulo ligeramente más grande. Los centros deben ser congruentes.

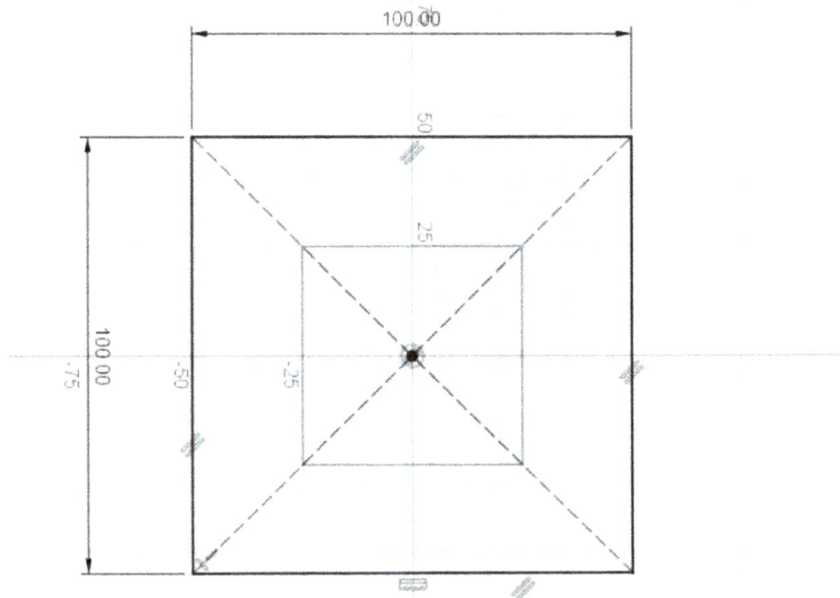

Figura 57: Dibuje el segundo rectángulo en el plano de desplazamiento (el primer rectángulo también es visible)

A continuación, finalizamos el croquis y seleccionamos la función "Loft" y las dos superficies croquizadas. A continuación, el programa conecta las dos superficies para formar un sólido 3D. Con los ajustes aún podríamos controlar este proceso en detalle.

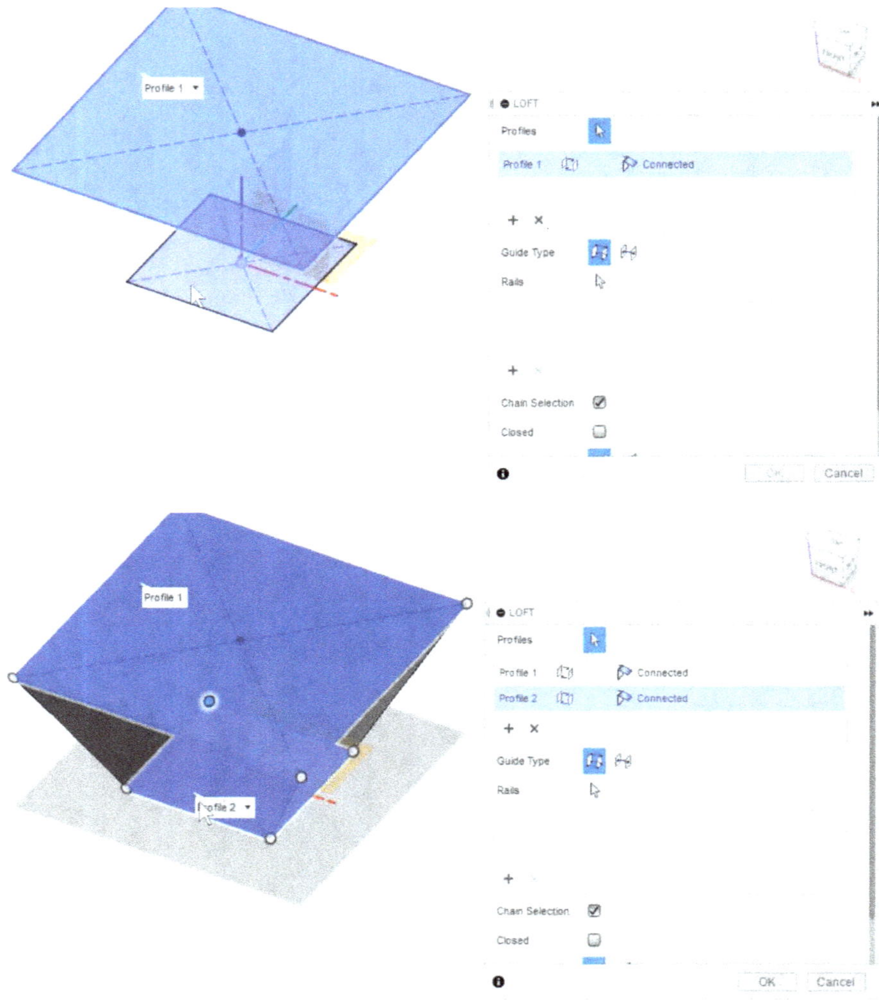

Figura 58: Uso del comando "Loft" para crear el cuerpo 3D

¡Muy bien! Hasta aquí el enfoque y los métodos de trabajo en el diseño CAD. Podemos superar con éxito este capítulo y pasar al siguiente. A continuación veremos con más detalle la diferencia entre las piezas individuales y los conjuntos.

3.4 Piezas individuales frente a conjuntos

Al igual que en el mundo real, también puede ensamblar virtualmente un componente o un conjunto a partir de varias piezas individuales en el entorno CAD. Para diseñar una máquina compleja u otra pieza compleja, primero se diseñan las piezas individuales de esta pieza compleja y luego se ensamblan estas piezas individuales virtualmente en el software. Para ello, se utilizan enlaces, conexiones o relaciones. En Fusion 360, también se utilizan "Joints". Pero más adelante hablaremos de ello.

En Fusion 360, usted crea las piezas individuales directamente en un entorno y luego las conecta en el mismo entorno para formar un conjunto. Cada parte individual tiene su propio origen y su propia carpeta en el árbol de la estructura. Otros programas de CAD tienen una estructura ligeramente diferente en este caso y existen formatos de archivo distintos para los conjuntos y las piezas individuales, y cada pieza individual se crea por separado.

Cuando haya terminado de diseñar la primera pieza, por ejemplo una simple pieza girada, sólo tiene que crear una nueva pieza única con el botón "New component" de la barra de menú o haciendo clic con el botón derecho del ratón en la carpeta de la pieza y seleccionando "New component" y eligiendo el cuerpo "Parent", es decir, la pieza ya existente como referencia.

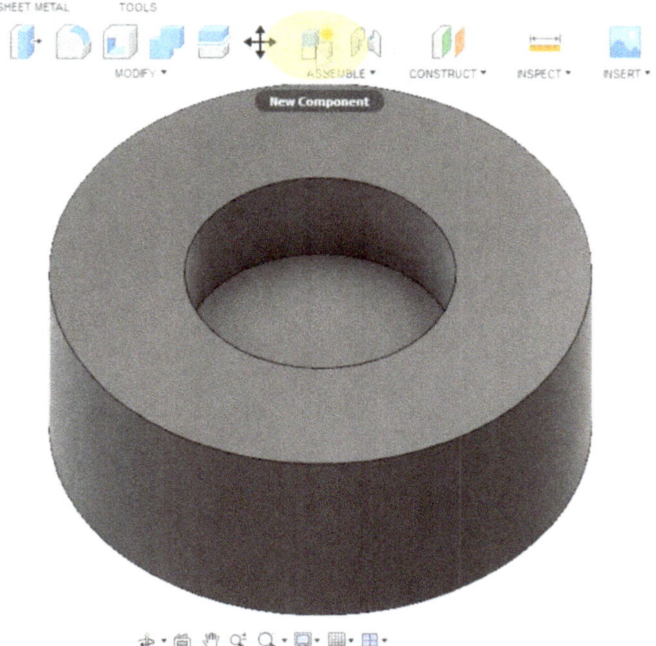

Figura 59: Una pieza torneada simple (dimensiones libremente seleccionables) y "New component"

A continuación, se vuelve transparente y puede empezar a crear el nuevo componente. El nuevo componente aparece entonces en el árbol de la estructura y puede ser nombrado. Por cierto, cada componente tiene su propio sistema de coordenadas.

Figura 60: Componente padre transparente y nuevo componente en la estructura de árbol (izquierda)

Por ejemplo, comenzamos un boceto en el plano x-z del nuevo componente, y utilizamos el primer componente como referencia para nuestra nueva pieza. Podríamos, por ejemplo, dibujar un perfil de este tipo para una nueva pieza torneada, que luego crearíamos con la función "Revolve".

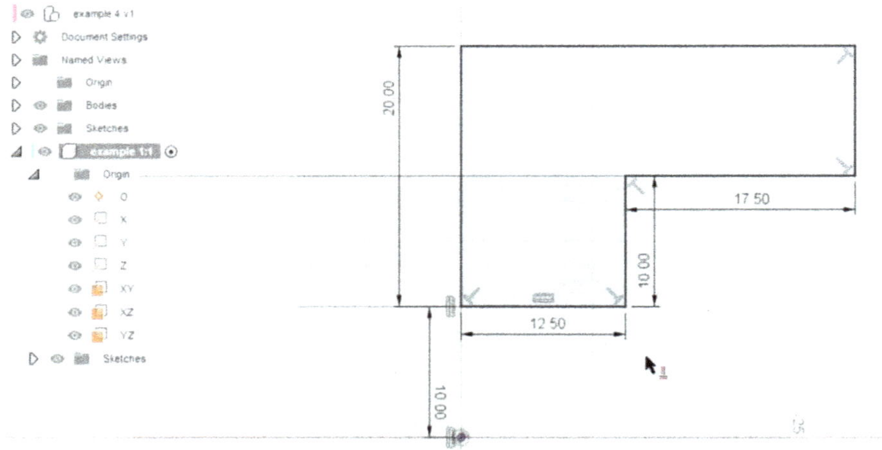

Figura 61: Un croquis en el plano x-z del nuevo componente

Resulta práctico que tengamos el primer componente aquí de forma transparente como referencia y podamos así dibujar las dimensiones de la nueva pieza con relativa facilidad para que encaje con exactitud. Por supuesto, el boceto de la nueva pieza se coloca ahora también en la zona del nuevo componente.

Veamos ahora el montaje de estos dos componentes individuales. Hemos dibujado el segundo componente de tal manera que ya encajaría exactamente con el primer componente, pero no se ha producido una vinculación, podemos mover el segundo componente libremente en el espacio, así que tenemos que vincular las dos partes individuales en el siguiente paso.

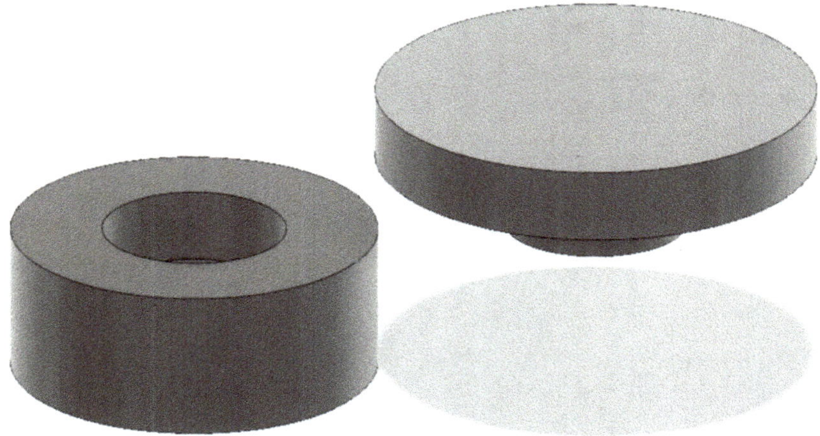

Figura 62: El componente se creó a partir del boceto con una rotación de 360° y se desplazó

Aquí necesitamos el menú "Assemble" y la función "Joints". En otros programas de CAD, el montaje de las piezas individuales suele estar estructurado de forma algo diferente. Las Constraints suelen crearse, por ejemplo, con un enlace de distancia o, por ejemplo, una restricción concéntrica entre dos piezas, para obtener un conjunto ensamblado. En Fusion 360 se adopta un enfoque ligeramente diferente. Aquí se crean articulaciones que definen el rango de movimiento deseado. Sin embargo, también puede enlazar rígidamente una sola pieza. Veamos esto en nuestro sencillo ejemplo. En el menú "Assemble", seleccionamos primero el comando "Joint".

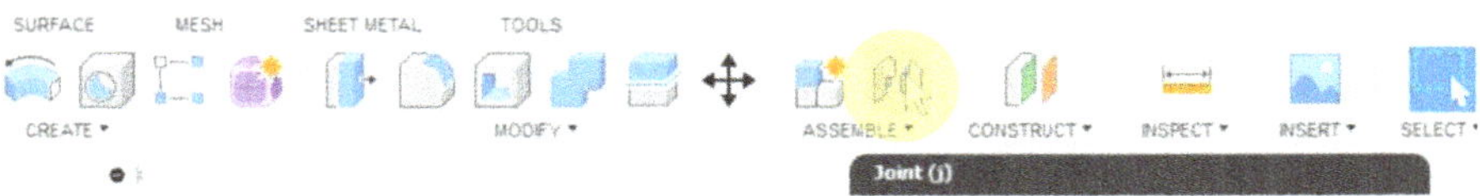

Figura 63: El comando "Joint" del menú "Assemble"

Entonces tenemos que llevar a cabo dos pasos. Por un lado, definir las posiciones de los orígenes de la articulación, por ejemplo, seleccionar los puntos de las superficies que queremos enlazar, y por otro lado, definir el rango de movimiento o la articulación. Probemos algunas posibilidades. Por un lado, podríamos seleccionar estos dos orígenes de unión en estas superficies y, por ejemplo, crear una conexión rígida con "Rigid".

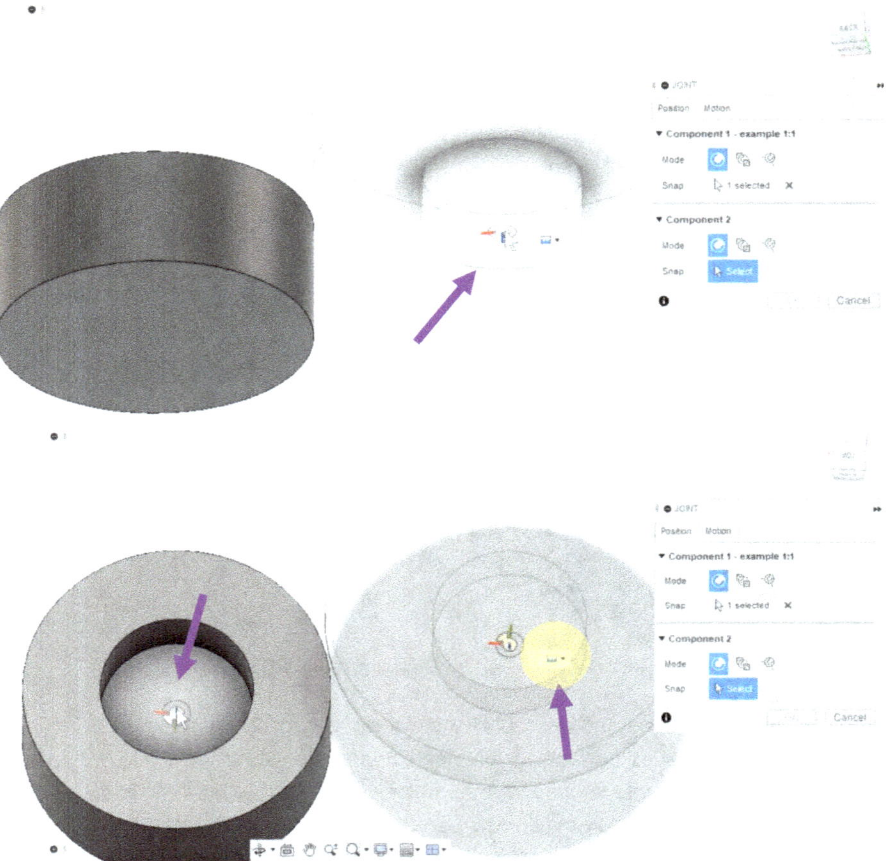

Figura 64: Seleccione un origen de articulación en cada componente y seleccione "Rígid"

Por cierto, al seleccionar la articulación, se reproduce una breve animación de la posible amplitud de movimiento, que personalmente encuentro muy acertada y útil. Una característica realmente genial que hace que este programa sea muy claro.

Por otro lado, podríamos permitir una rotación alrededor del eje z con "Revolute". Con "Slider" podemos permitir un movimiento a lo largo del eje z y con "Cylindrical" podemos permitir tanto un movimiento a lo largo del eje z como una rotación alrededor de este eje. Con "Pin" podemos permitir una rotación alrededor de un eje y un movimiento lineal a lo largo de otro eje, pero esto no tiene mucho sentido en este ejemplo. Lo mismo ocurre con "Planar". Con "Planar", el componente puede moverse linealmente en un plano y girar alrededor de un eje. Muy interesante es también la función "Ball", que crea una rótula.

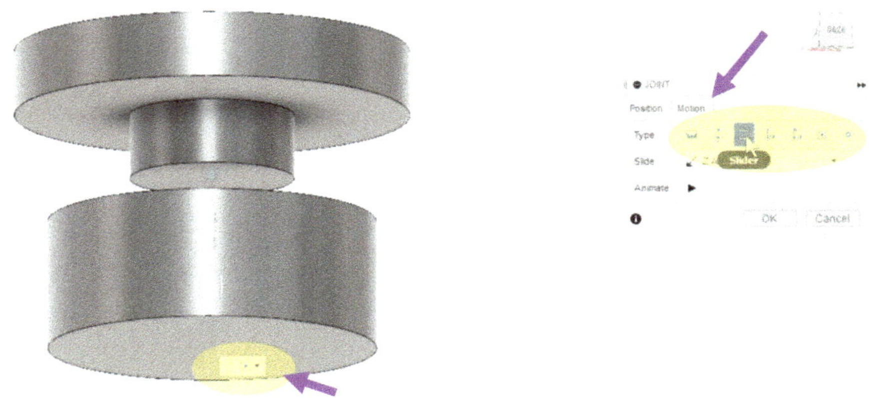

Figura 65: Selección de los diferentes tipos de articulaciones en la pestaña "Motion"

En el campo "Rotate" se puede seleccionar el eje o la superficie respectiva para el movimiento y, si volvemos a la pestaña "Position", se pueden realizar más ajustes, como un desplazamiento, o se puede reflejar la orientación del componente en la superficie de enlace con "Flip".

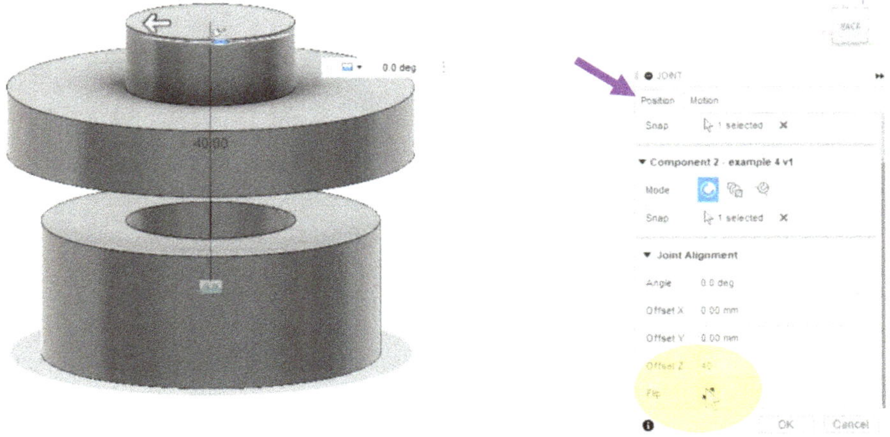

Figura 66: Añadir un desplazamiento e invertir la alineación de la junta

Si ahora seleccionamos el tipo de movimiento "Cylindrical", por ejemplo, veremos que sólo podemos mover el componente en los grados de libertad definidos. La relación también aparece en la carpeta "Joints" del árbol de la estructura y puede ser eliminada, suprimida o editada de otra manera haciendo clic con el botón derecho del ratón sobre ella.

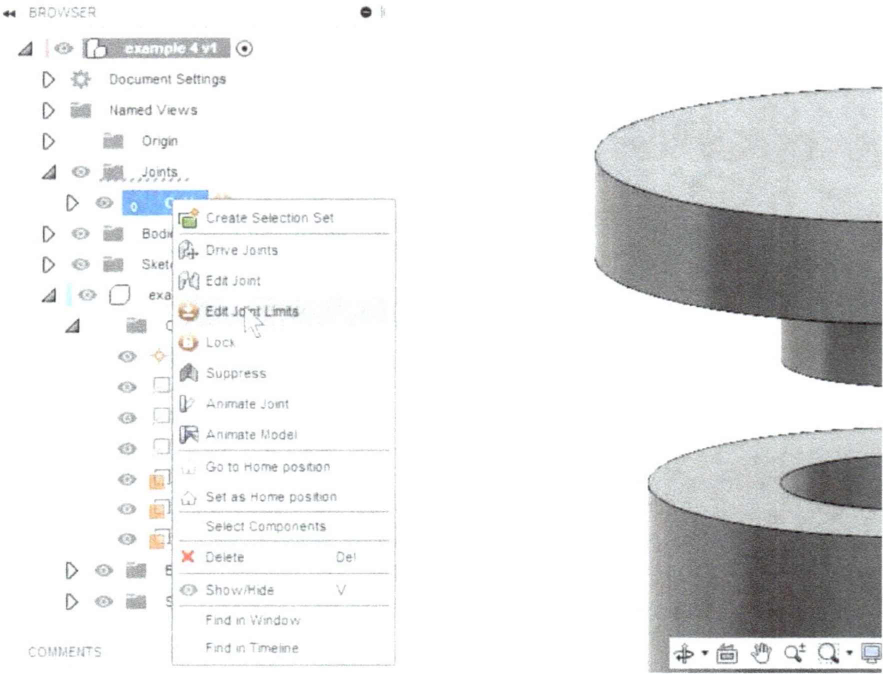

Figura 67: Haga clic con el botón derecho del ratón sobre la junta en la carpeta "Joints" del árbol de estructura (izquierda)

Por cierto, si no se desea ningún espacio para el movimiento, normalmente se puede seleccionar simplemente la relación "Rigid".

¡Perfecto! En esta lección hemos aprendido a crear múltiples piezas en el entorno de Fusion 360 y a unirlas o ensamblarlas virtualmente. En la próxima lección echaremos un vistazo a los diferentes puntos de vista y representaciones. Entonces habremos aprendido todos los fundamentos importantes y por fin podremos empezar con los grandes proyectos de construcción.

3.5 Vistas y representaciones (vistas básicas, vista en sección, etc.)

En esta lección veremos brevemente las posibles vistas y representaciones en Fusion 360, que a menudo pueden ser muy útiles. Las vistas básicas se encuentran a la izquierda en la estructura de árbol, en la carpeta "Named Views". En esta carpeta podemos elegir entre "Top", "Front", "Right" y "Home".

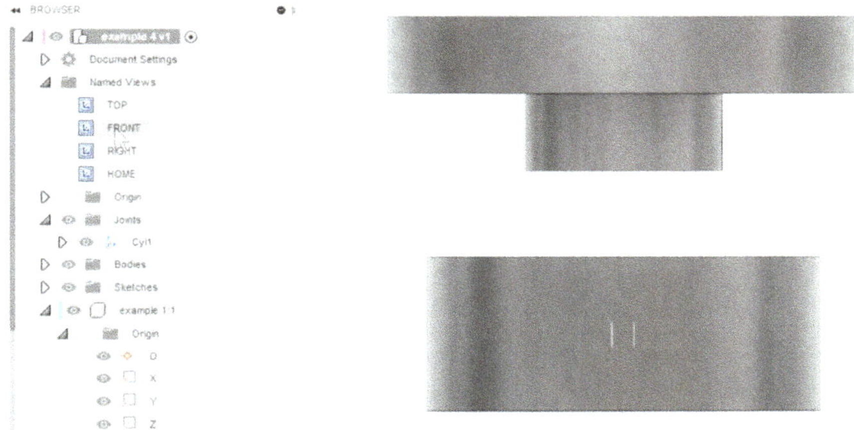

Figura 68: "Named views" en el árbol de estructura

Si queremos mirar una superficie concreta, podemos seleccionar una superficie en la barra de menú de la zona inferior con la función "Look at". Esta superficie se visualiza entonces verticalmente desde arriba. Con la función "Zoom Window", también desde esta barra, podemos ampliar un área definida. Para ello, simplemente arrastramos una pequeña ventana alrededor del área deseada.

Figura 69: Las funciones "Look at" y "Zoom WIndow" en la barra de la sección inferior

También en esta barra se encuentra el menú de selección "Display Setting", con el que podemos cambiar la visualización de nuestros componentes, lo que hacemos con "Visual Style" o el entorno de construcción, lo que hacemos con "Environment". Con la "Object Visibility" podemos determinar, en general, qué elementos, como los planos y los ejes, deben mostrarse o no.

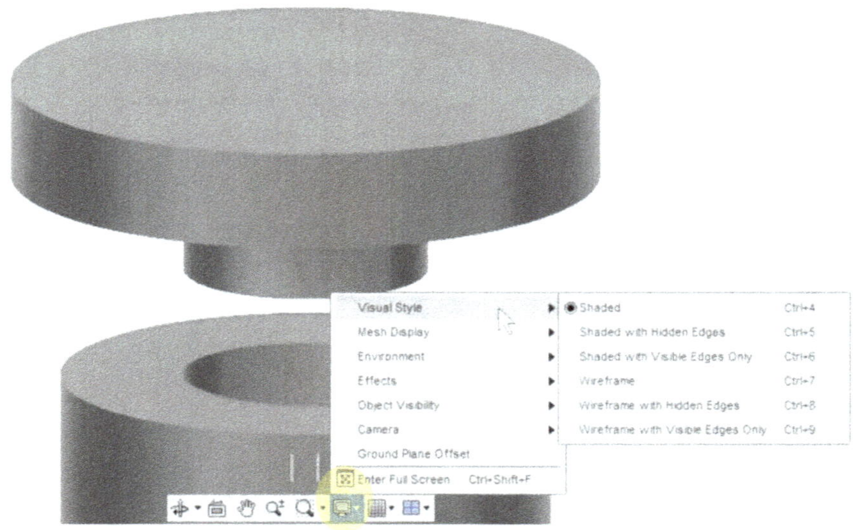

Figura 70: Menú de selección "Visual Style" en la pestaña "Display Setting" de la barra inferior

Con "Multiple Views" puede mostrar varias vistas en paralelo, lo que a veces también puede ser muy útil.

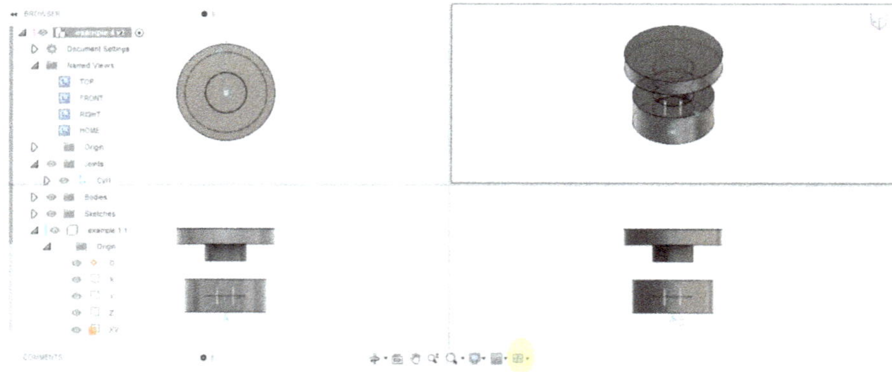

Figura 71: Visualización después de seleccionar "Multiple Views" en la barra inferior

Por último, conoceremos algunas visualizaciones útiles del menú "Inspect". En primer lugar, la más importante, la llamada vista de sección. Utilizando el comando de análisis de sección ("Section Analysis"), podemos ver la sección transversal de un componente o conjunto. Imagíneselo como si cortara un pastel y mirara en su interior. Después de seleccionar la función, tenemos que seleccionar el plano en el que queremos cortar la pieza. También podemos seleccionar una superficie. Por ejemplo, seleccionamos el plano y-z. La pieza se cortará entonces en este plano. Ahora podemos confirmar o mover la superficie de corte utilizando la flecha azul o introduciendo una cota.

Tras confirmarlo, la vista de sección aparece en la carpeta del menú "Analysis" de la izquierda en la estructura de árbol, donde podemos editarla, ocultarla o eliminarla con un clic derecho.

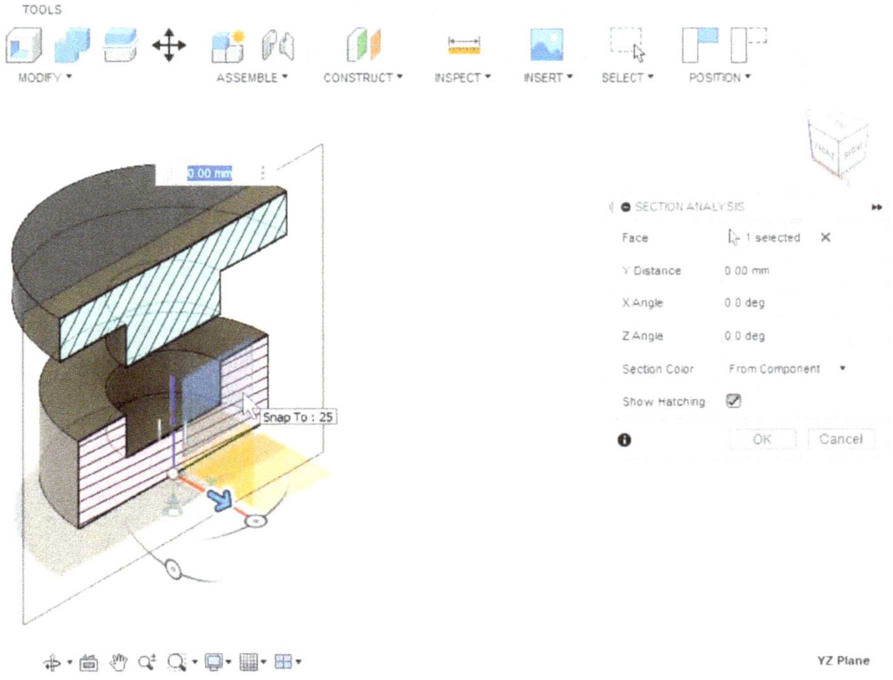

Figura 72: Vista seccional del entorno 3D (pestaña del menú "Inspect" -> "Sectional view")

En el menú "Inspect" también encontrará funciones de análisis, como el análisis de cebra. Con esta ayuda puede comprobar las transiciones entre las superficies mediante rayas blancas y negras proyectadas sobre la superficie y, por ejemplo, examinar la superficie de un ala de avión para comprobar su continuidad o suavidad. Esto es importante para la resistencia al flujo, por ejemplo.

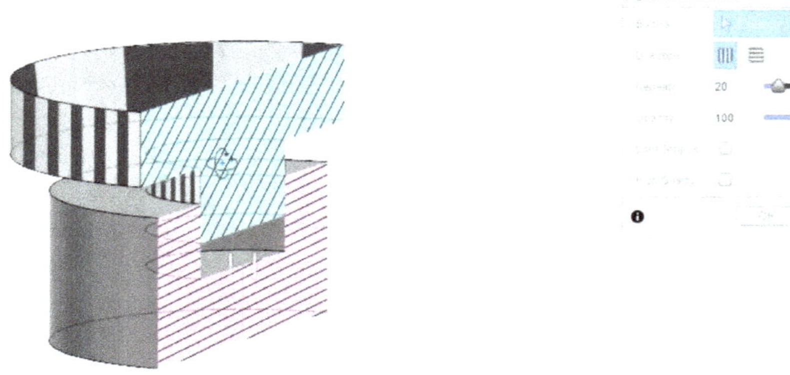

Figura 73: Análisis de cebra aplicado a la pieza mostrada en la vista de sección

Para concluir este capítulo, nos ocuparemos del calendario del programa mencionado al principio. Se encuentra en la parte inferior de la ventana. Aquí se muestra el orden cronológico de los pasos de construcción individuales y encontramos las características individuales como "Sketch", "Extrusion", etc., según la construcción, una tras otra. Lo bueno de esto es que con esta línea de tiempo, la construcción puede ser fácilmente retrazada. Puede mostrar los pasos individuales con la ayuda de una breve animación. Para ello, basta con situar el cursor en el inicio de la construcción y hacer clic en Reproducir. También puede hacer clic entre los distintos pasos para saltar a un paso anterior de la construcción. Haciendo clic con el botón derecho del ratón en cada uno de los pasos de construcción, también podrá editarlos, por ejemplo, para cambiar un perfil o una relación. Esta barra también es muy útil para no perder la visión de conjunto, especialmente con las construcciones más complejas.

Figura 74: La línea de tiempo de Fusión con los comandos de construcción realizados hasta ahora

Si hace clic en el pequeño símbolo de la rueda dentada situado en la parte inferior derecha, también puede activar la opción "Component Color Swatch", que nos ofrece aún más claridad con los objetos de construcción más complejos al dar a los componentes individuales una marca de color y asignar así los pasos de construcción en la línea de tiempo.

Figura 75: Activar la "Component Color Swatch" para mostrar los marcadores de color

¡Clase! Ahora que hemos aprendido todos los fundamentos relevantes e importantes y el manejo general de la sección CAD del programa, pasaremos a la construcción de proyectos de ejemplo.

En el primer proyecto que realmente empezamos, queremos aprender el procedimiento de construcción con un gancho de mosquetón muy sencillo. Le sigue una taza, que es un poco más difícil de construir, luego un modelo simplificado de un camión con habitáculo y, por último, un modelo simplificado de un motor de coche de 4 cilindros, que es un poco más complejo. Pero no se preocupe, iremos paso a paso.

Por cierto, a través del trabajo práctico aprenderemos más funciones y comandos nuevos, así como consolidaremos los básicos.

Aprender haciendo, entonces! Quédese con nosotros, ¡será emocionante!

4 Aplicación práctica del CAD: proyectos de construcción

4.1 Proyecto de diseño I: Gancho a presión simple

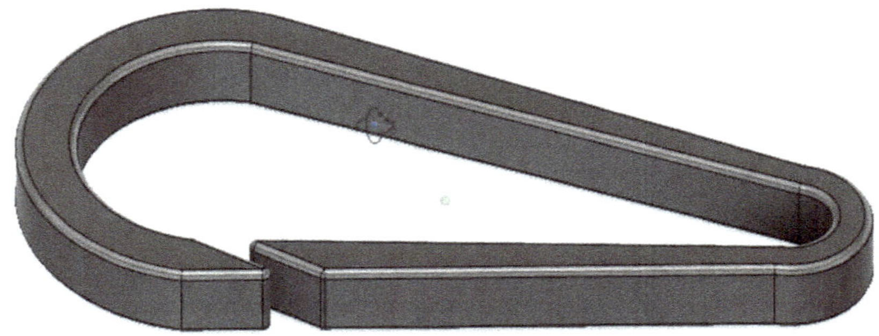

Figura 76: Un simple mosquetón como primer proyecto de construcción

Para el mosquetón comenzamos en un nuevo proyecto de "Design" con el botón "Create Sketch" y la selección de un plano, por ejemplo el plano x-y. Pensemos primero en cómo está construido el mosquetón y cómo podríamos construirlo mejor. Si observamos el mosquetón un poco más de cerca, nos damos cuenta de que puede colocar una forma circular en las zonas izquierda y derecha respectivamente y que los puntales del mosquetón representan conexiones tangenciales entre estos círculos.

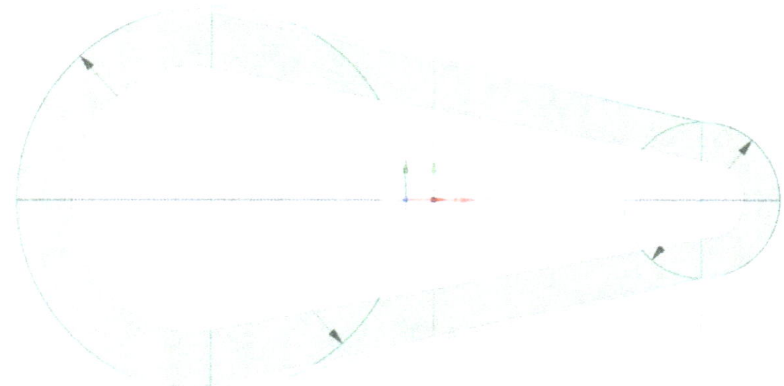

Figura 77: El enfoque con círculos y líneas de conexión

Construyamos el mosquetón de esta manera. Así que dibujemos primero el primer círculo con un punto de partida en la línea roja horizontal, que en este caso, es el eje x. Por ejemplo, elegimos un diámetro de 50 mm. A continuación, cree otro círculo con un diámetro de 20 mm un poco más a la derecha. Entonces dimensionamos la distancia entre los dos círculos como 70 mm. Para definir completamente el croquis anterior, que verá por el color negro, necesitamos ahora una referencia en la dirección del eje x y del eje y al origen. Definimos la posición de nuestro croquis en la dirección x, por ejemplo, añadiendo otra dimensión de 35 mm desde el centro del primer círculo hasta el origen. La posición y simplemente con la dependencia o "Constraint" horizontal.

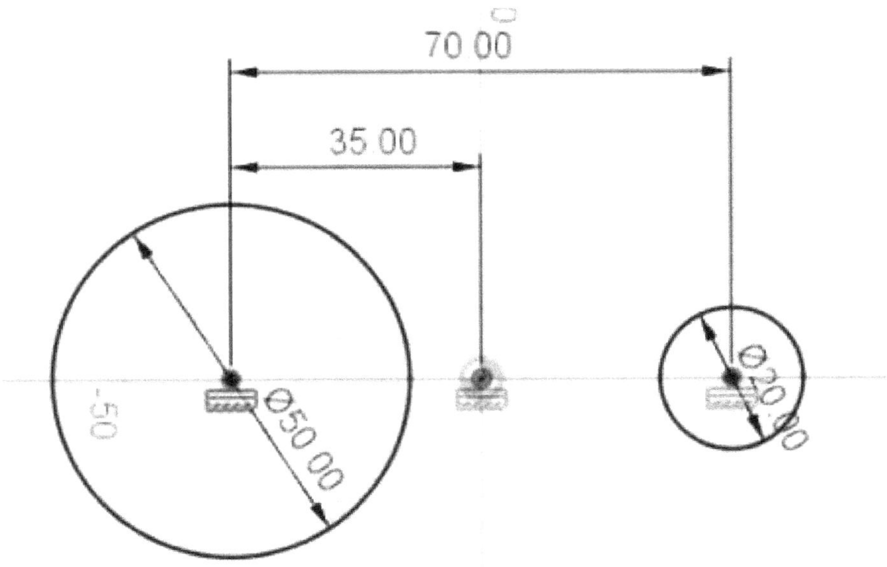

Figura 78: Los dos círculos de la geometría básica, ya acotados y dependientes horizontalmente

Puede definir un croquis completamente por las cotas sólo o elegir una combinación de cotas y condiciones, como aquí. Para la condición elegimos el centro de cada uno de los dos círculos y luego el origen. Ahora el boceto es negro y está totalmente definido, es decir, ya no puede moverse en el plano sin más.

A continuación, trazamos líneas auxiliares horizontales y verticales a través de los centros de los dos círculos para facilitar la aplicación de las cotas y las líneas tangentes. Dibuje las líneas y haga clic con el botón derecho del ratón para seleccionar el comando "Normal/Construction Line".

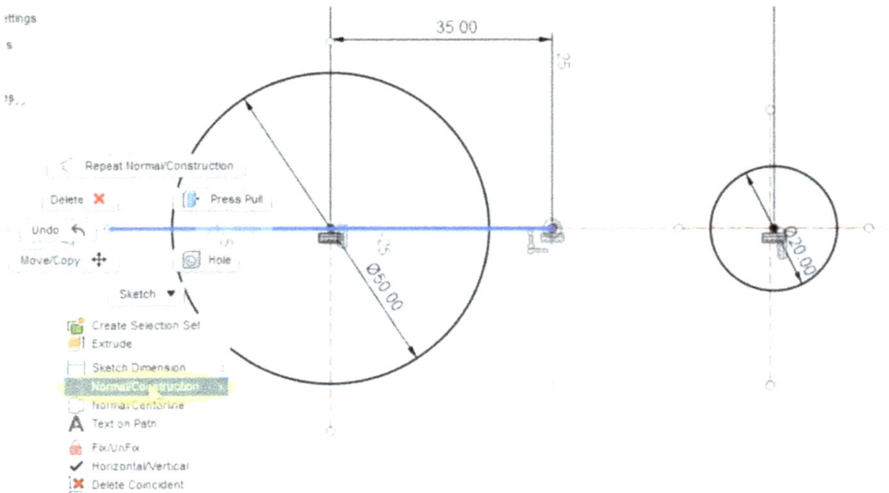

En el siguiente paso conectamos las intersecciones de las guías verticales con los círculos mediante dos líneas. Para obtener una forma autónoma, sólo necesitamos el contorno exterior, por lo que utilizamos la herramienta "Trim".

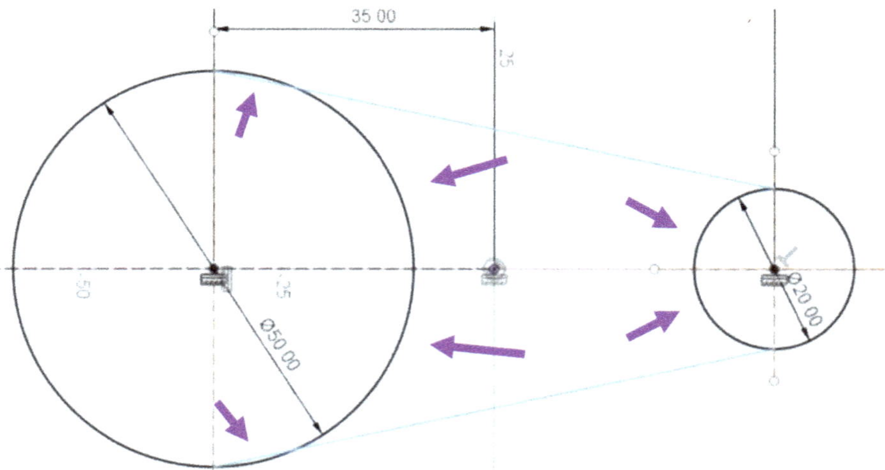

Figura 79: Se han trazado las dos líneas de conexión tangenciales (azul claro); las líneas/arcos sobrantes están marcados con flechas

Utilizando la herramienta, elimine todos los segmentos de línea superfluos de la siguiente manera:

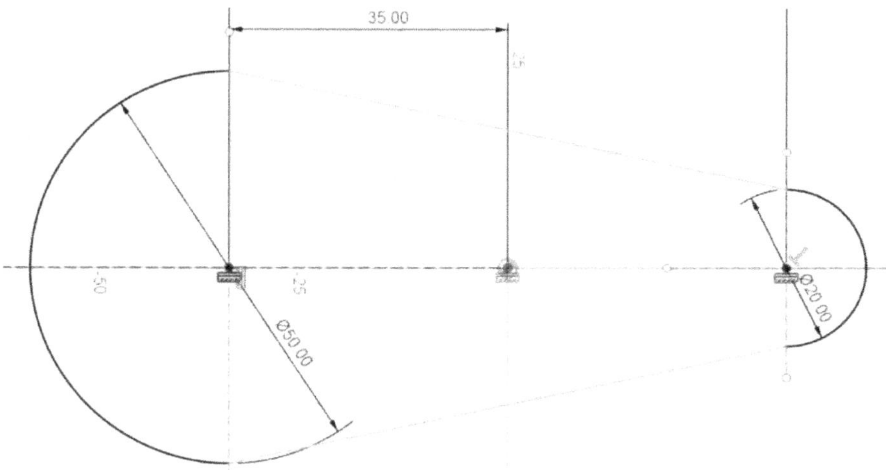

Figura 80: Herramienta "Trim away" utilizada para eliminar las líneas/arcos sobrantes

Ahora ya podríamos extruir la superficie. Pero entonces todavía tendríamos que hacer un recorte para conseguir el mosquetón final. Pero también podemos aplicar una solución más rápida de inmediato y dibujar la sección transversal del mosquetón en un solo paso. Para ello, añada dos círculos adicionales de 35 y 10 mm de diámetro en la zona interior del mosquetón y, de forma análoga a los pasos anteriores, vuelva a trazar dos líneas desde las intersecciones de los círculos con las líneas auxiliares y, a continuación, elimine todos los segmentos de línea superfluos utilizando de nuevo la función "Trim".

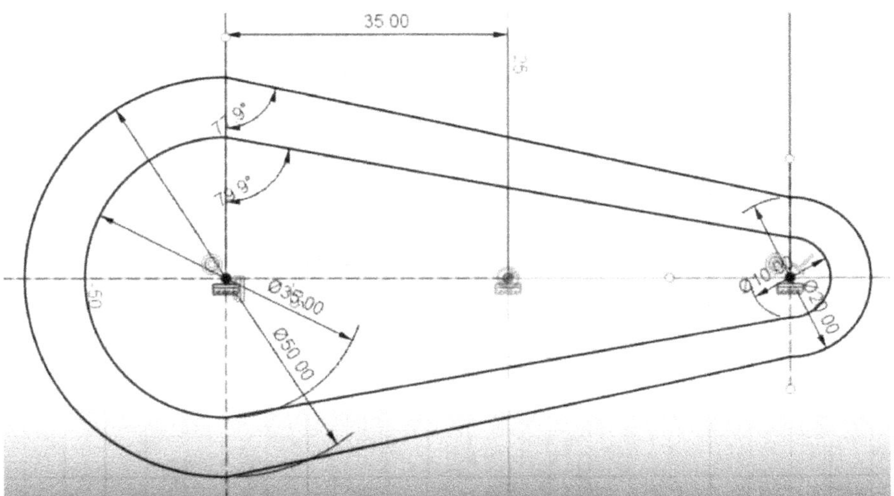

Figura 81: Esquema 2D completado; los ángulos para la definición completa ya están indicados

Como puede ver, nos hemos ahorrado un paso de edición y ahora podemos extruir inmediatamente la forma básica acabada del mosquetón. Sin embargo, para definir el croquis completamente de antemano, en este caso nos limitamos a introducir los ángulos entre las líneas de conexión tangenciales y la línea auxiliar vertical. Simplemente acepte el valor que se muestra. Como alternativa, podríamos haber especificado las longitudes de las líneas de conexión o haber definido las líneas auxiliares completamente de antemano. Para convertir la superficie 2D en un cuerpo 3D, pasamos al modo 3D con "Finish Sketch" y utilizamos la función "Extrude". Para ello, seleccione en las opciones sólo la superficie exterior como perfil para la extrusión e introduzca un valor de 10 mm. Puede extruir en una sola dirección, o de forma simétrica o independiente en dos direcciones. Selecciónelo en "Direction". Si quiere tener una forma cónica, también puede introducir un ángulo en "Taper Angle". Sin embargo, no necesitamos eso aquí.

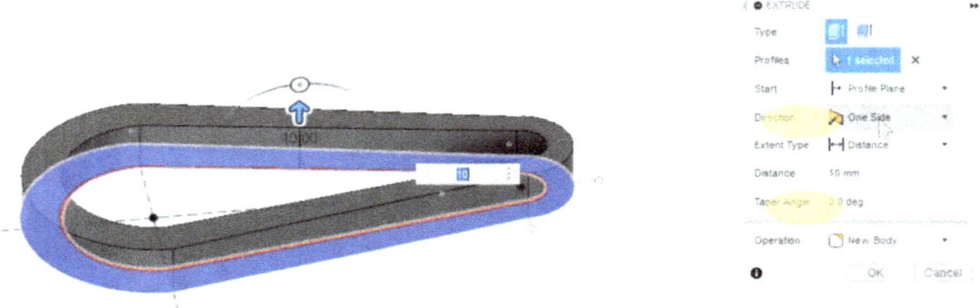

Figura 82: Extrusión del mosquetón en 10 mm en una dirección

Para crear ahora un recorte para la apertura del mosquetón, volvemos a empezar un boceto en 2D, esta vez en la parte superior o inferior del mosquetón.

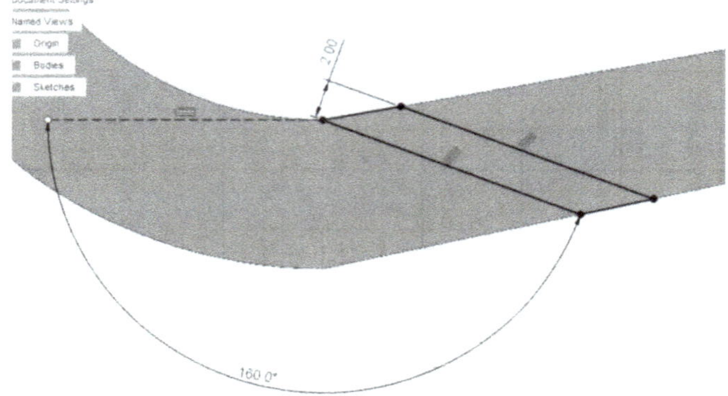

Figura 83: El croquis 2D de la sección

Trazamos una línea a 160° desde la base de la línea de conexión tangencial interior hasta la línea de conexión exterior del mosquetón. La medición resulta automáticamente de la especificación del ángulo y de los puntos finales. Puede cambiar entre la introducción de cotas y ángulos con la tecla de tabulación. A continuación, trace una segunda línea paralela y acote una distancia de 2 mm. Si el paralelismo no se crea automáticamente -mire los pequeños caracteres que hay detrás- tendrá que crearlo usted mismo. A continuación, conecte las dos líneas paralelas con otras líneas para crear un paralelogramo y terminar el croquis. Utilice "Extrude" para crear la sección. Simplemente arrastre la flecha hasta que no haya más material o, alternativamente, introduzca el grosor del mosquetón como dimensión. Por supuesto, ya podríamos haber integrado este paso en el primer boceto, como acaba de comprobar.

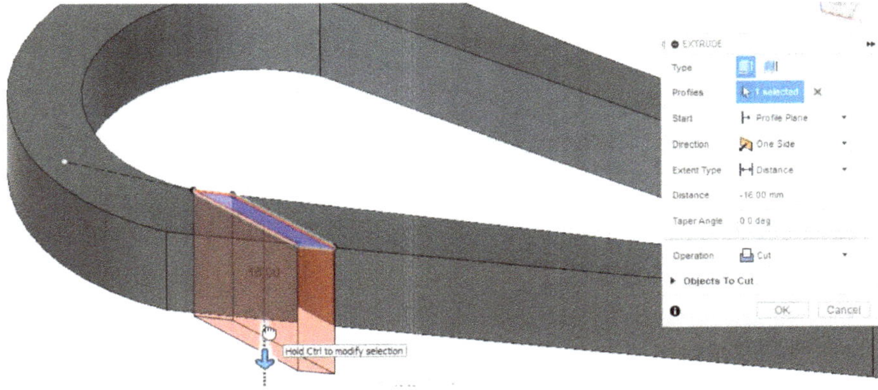

Figura 84: Sección de la geometría 2D dibujada con "Extrusion"

Por último, redondeamos algunos bordes utilizando el comando "Filet" de la sección "Modify". 20 mm para el borde superior trasero.

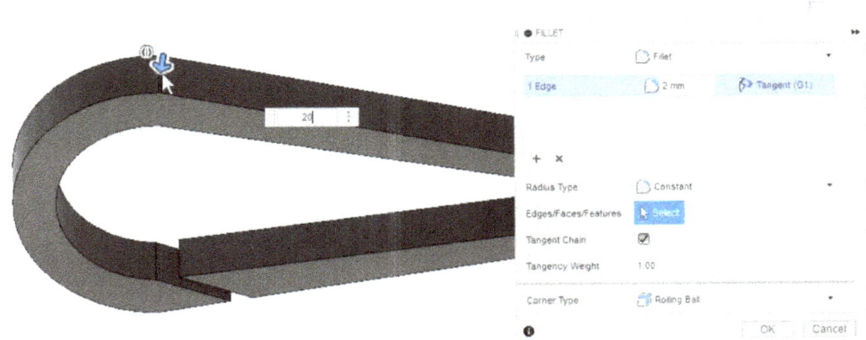

Figura 85: Fileteado del borde superior trasero con 20 mm

Y 1 mm para los bordes de la abertura y los laterales. Seleccione varios bordes manteniendo pulsada la tecla CTRL o Shift. Para los bordes laterales puede simplemente seleccionar las dos caras laterales.

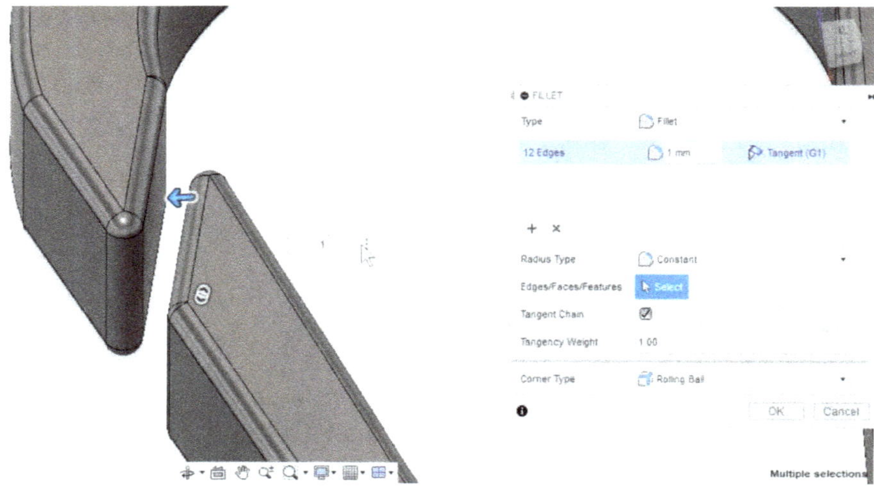

Figura 86: Redondeo de los bordes de la abertura y de los laterales con 1 mm

¡Impecable! Antes de pasar al siguiente proyecto de diseño, vamos a guardar el archivo. Si queremos un formato de archivo diferente, por ejemplo, para la impresión en 3D o para otro programa, podemos crear este archivo utilizando "Export" y seleccionando el formato y la ubicación del archivo. Puede elegir entre los formatos "Fusion" e "Inventor", así como los formatos de archivo comúnmente conocidos "stl" y "step".

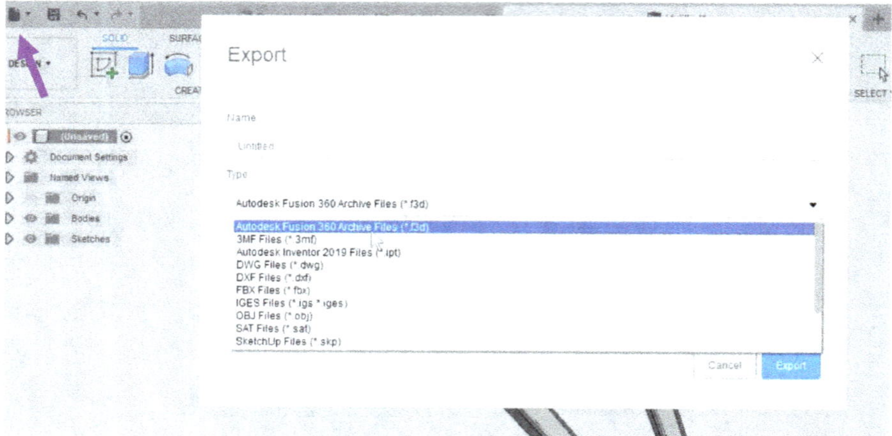

Figura 87: "Export" de un archivo en un formato específico; "File" (ver flecha) -> "Export"

4.2 Proyecto de construcción II: Taza con asa

Figura 88: Una taza con asa como próximo proyecto de diseño

Antes de llegar a los dos proyectos algo más emocionantes, nos gustaría construir a continuación una taza con asa. A continuación, preste atención a la combinación selectiva de métodos de construcción aditivos y sustractivos en este proyecto. Primero construiremos la forma básica, es decir, la taza sin el asa, y luego añadiremos el asa. Comience con una geometría circular en un croquis 2D, por ejemplo en el plano x-y, en un nuevo proyecto. El diámetro del círculo puede ser, por ejemplo, de 90 mm, el centro debe estar en el origen del sistema de coordenadas para que el croquis quede totalmente definido. A continuación, pase al entorno 3D y cree un cilindro a partir del boceto utilizando la función "Extrude". Aquí utilizaremos una dimensión de 80 mm.

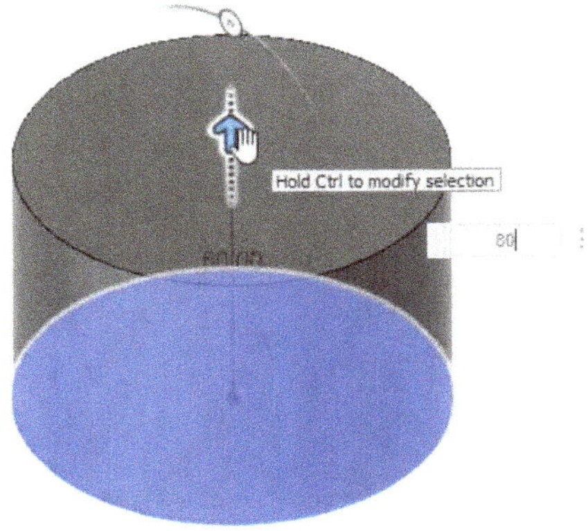

Figura 89: Extruir un círculo de 90 mm por 80 mm para la forma básica

Para ahuecar la copa, utilizamos la función "Shell" de la sección "Modify". Aquí seleccionamos un grosor de pared de 5 mm. Seleccione la superficie superior, introduzca el grosor de la pared y el muro estará listo. En la "Direction" de las opciones, podemos especificar en qué dirección debe ir el muro, hacia dentro, hacia fuera o simétricamente en ambas direcciones. Por defecto, utilizamos "inside" para no modificar el diámetro exterior.

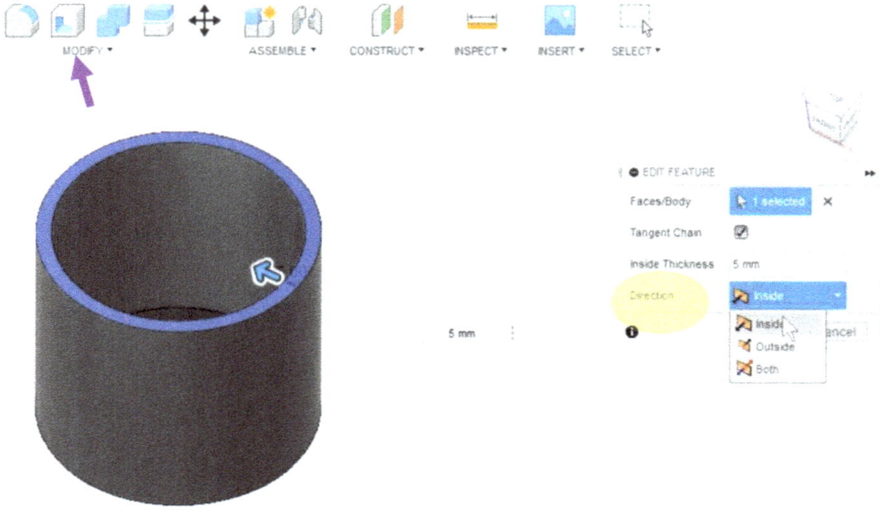

Figura 90: Ahuecar el cilindro para formar una copa; grosor de la pared 5 mm

Por cierto, en la línea de tiempo de la parte inferior podemos ver el progreso de la construcción con las características individuales. Como vemos aquí, empezamos con un boceto, continuamos con la extrusión y luego ahuecamos. Cuando seleccionamos una característica en el modelo, también vemos una pequeña referencia sombreada para encontrarla de nuevo en la línea de tiempo. Con un clic derecho sobre una característica también podemos editarla con "Edit Feature" si queremos cambiar algo. También puede encontrar los bocetos en el árbol de estructuras.

Figura 91: La línea de tiempo de nuestro proyecto; "Sketch" -> "Extrusion" -> "Shell"

Así que ahora tenemos la forma básica de la copa. Para el asa necesitamos primero un plano paralelo al borde de la taza para que el asa quede un poco más bajo que el borde de la taza. En el menú "Construct" seleccionamos "Offset Plane" y hacemos clic en el borde de la copa. A continuación, desplazamos el plano hacia abajo 15 mm.

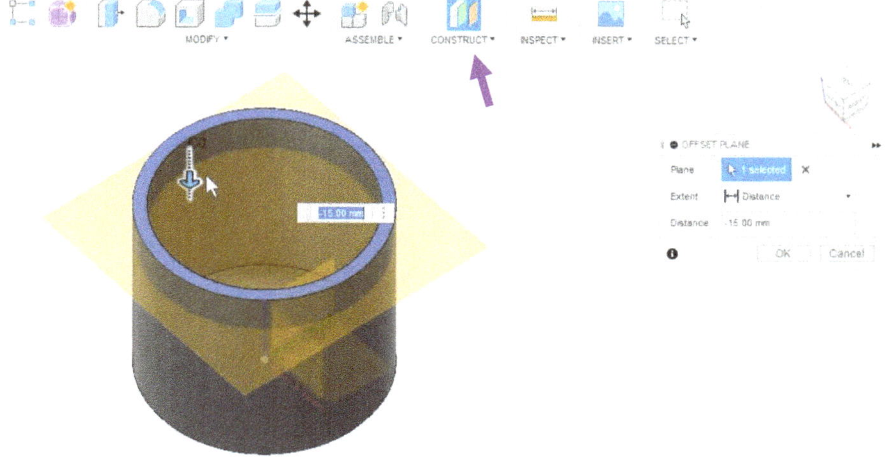

Figura 92: Creación de un plano paralelo 15 mm más abajo del borde de la copa

A continuación, cree un boceto en esta capa (haga clic con el botón derecho en crear boceto) y dibuje una línea vertical de 20 mm en la capa creada anteriormente. Esta línea debe tener una condición vertical. Si no existe ya, basta con añadirlo y poner ambos puntos coincidentes, es decir, congruentes, en el borde de la copa.

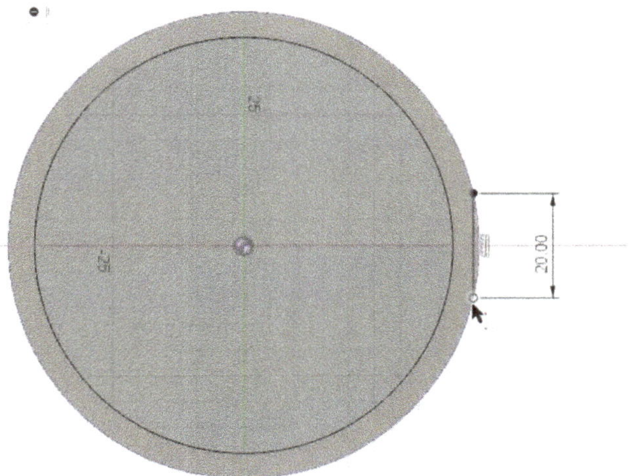

Figura 93: Dibuje una línea vertical de 20 mm en el borde de la copa

Complete el perfil con dos líneas horizontales de 30 mm de longitud y una línea vertical para crear un rectángulo. Alternativamente, dibuje un rectángulo de inmediato. Ahora quizás ya pueda adivinar la forma del mango. En este caso, el elemento se añade al elemento cilíndrico básico, es decir, la copa.

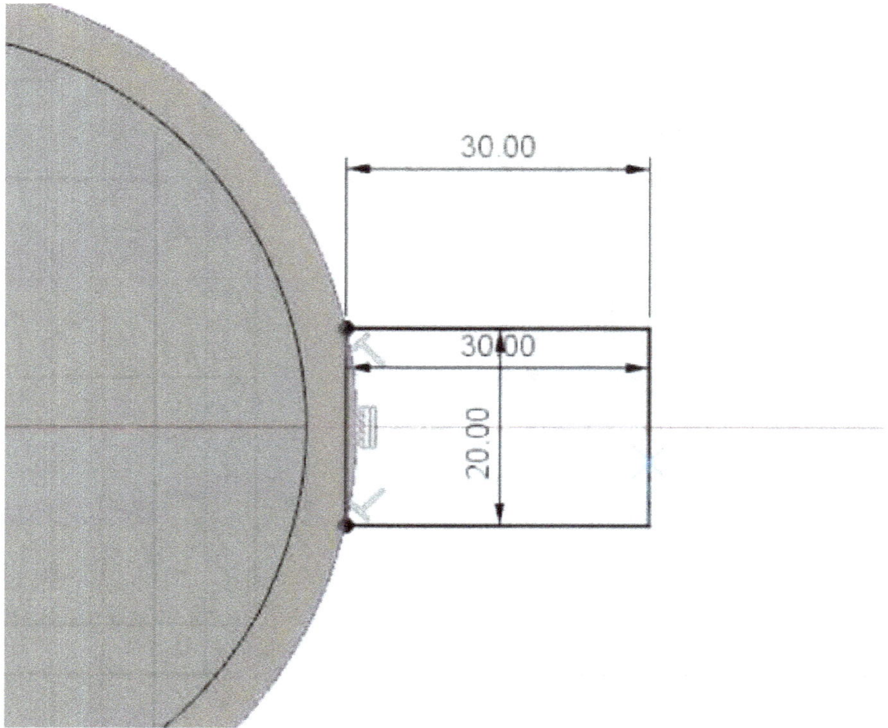

Figura 94: Completando la forma básica de la copa y la línea vertical

En el modo 3D, puede diseñar el perfil del asa de forma tridimensional con "Extrude" hacia el fondo, es decir, de nuevo en la dirección negativa del eje z. Elegimos una dimensión de -50 mm.

Figura 95: extrusión de -50 mm del asa

En el siguiente paso volvemos a iniciar un boceto y esta vez seleccionamos la superficie lateral del asa como capa de dibujo (clic derecho). Dibuje un rectángulo de 20 mm de ancho y 40 mm de alto a partir de un punto central y añada las dimensiones 15 mm y 25 mm para definir completamente la posición x e y del rectángulo.

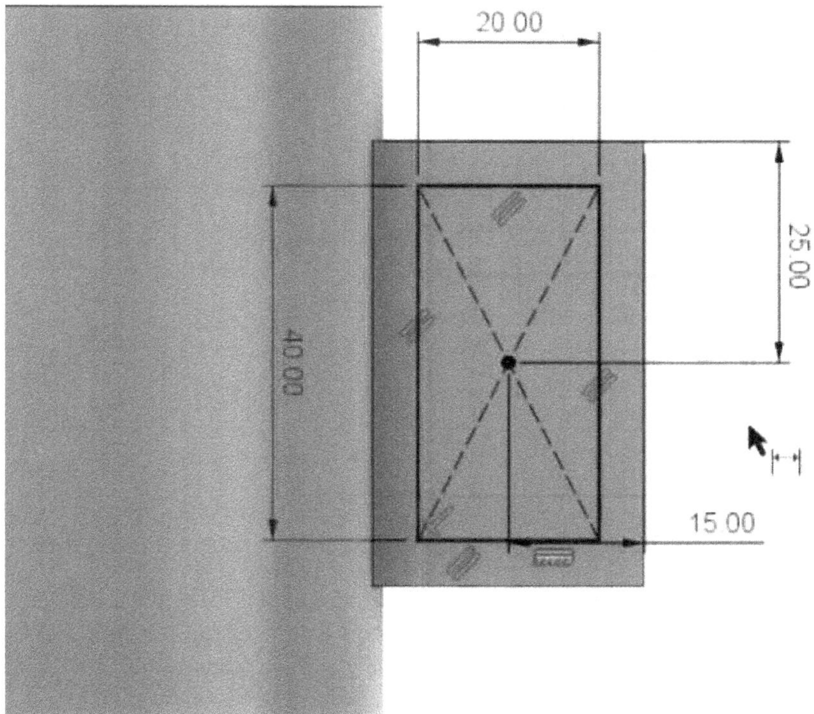

Figura 96: Boceto para el recorte del asa en la geometría previamente extruida

Si no sabe por qué un esbozo no está aún completamente definido, es decir, es negro, puede simplemente arrastrar la geometría esbozada - primero seleccione "Select" - para ver en qué dirección son aún posibles los movimientos.

A continuación, puede realizar el recorte en modo 3D para completar el asa. Por cierto, para el recorte también podríamos haber dibujado en el plano x-z de nuestra taza en lugar de en la superficie lateral del mango. Entonces simplemente habríamos seleccionado "Symmetric" para la "Direction" y habríamos eliminado el material simétricamente desde el interior hacia el exterior. Como tantas veces, hay muchas formas diferentes.

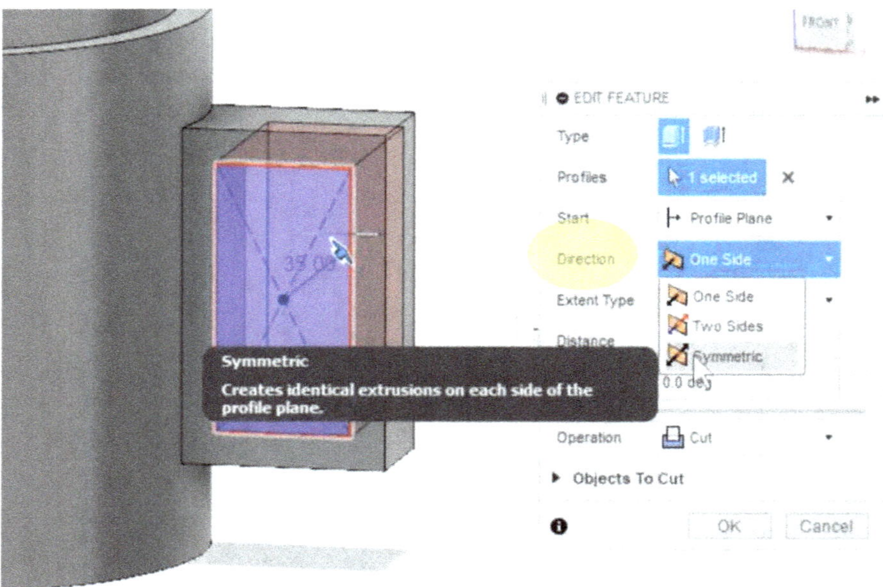

Figura 97: Sección simétrica; si hubiéramos dibujado en el plano x-z

Por último, redondeamos algunos bordes del asa y de la taza. Puede probarlo según sus propias ideas. Básicamente, aquí sólo sirve el diseño y es una cuestión de gusto.

Como penúltimo proyecto de construcción, en el siguiente capítulo construiremos la parte delantera de un camión con habitáculo o cabina del conductor. Esto será un poco más exigente, ¡pero juntos no hay problema! Volveremos a proceder paso a paso! Siga en ello y, por favor, continúe, ¡ahora se está poniendo más y más emocionante!

4.3 Proyecto de construcción III: Parte delantera del camión

Figura 98: La parte delantera de un camión será nuestro próximo proyecto de construcción

Para la parte delantera del camión comenzamos en un nuevo proyecto de construcción ("Design"). Pensemos primero en la mejor manera de construir el modelo. Necesitamos una sección trapezoidal para el capó, un cubo para la cabina propiamente dicha y piezas complementarias como las aletas, los faros, la parrilla del radiador y el parachoques. Eso significa que podríamos empezar con la sección para el capó, por ejemplo.

Para ello, iniciamos un croquis en el plano x-z y dibujamos un simple rectángulo. El punto de partida debe ser el centro y las dimensiones deben ser de 140 mm de ancho y 90 mm de alto.

A continuación, creamos un plano paralelo al plano x-z con una distancia de 120 mm.

Sobre este plano esbozamos ahora otro rectángulo que será algo más pequeño, concretamente de 75 mm de ancho y 80 mm de alto. La distancia del punto central debe estar a 5 mm del origen de coordenadas para que los dos bordes inferiores de los rectángulos sean congruentes.

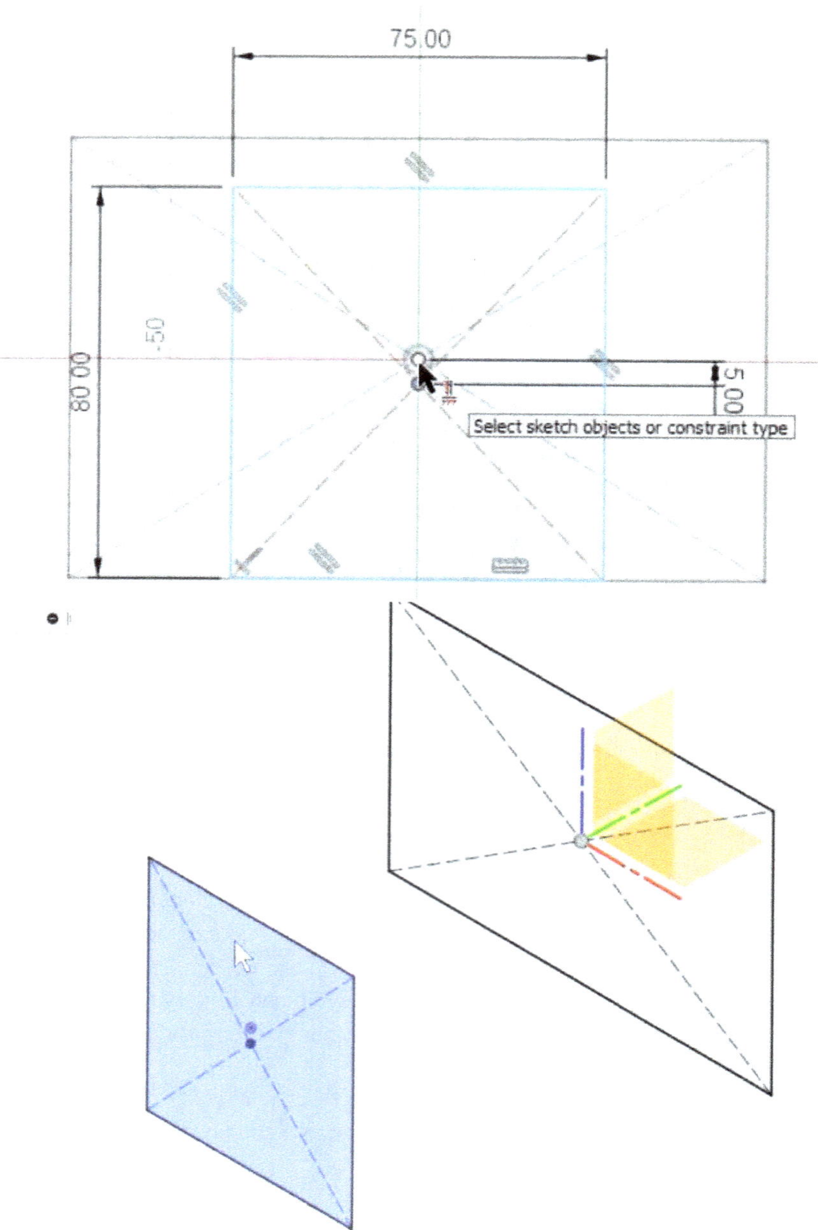

Figura 99: El segundo rectángulo (75 x 80 mm) en el plano de desplazamiento de 120 mm (imagen superior) y los dos rectángulos completados en modo 3D (imagen inferior)

Con la función Loft ahora podemos tener los dos rectángulos conectados en modo 3D para formar un sólido.

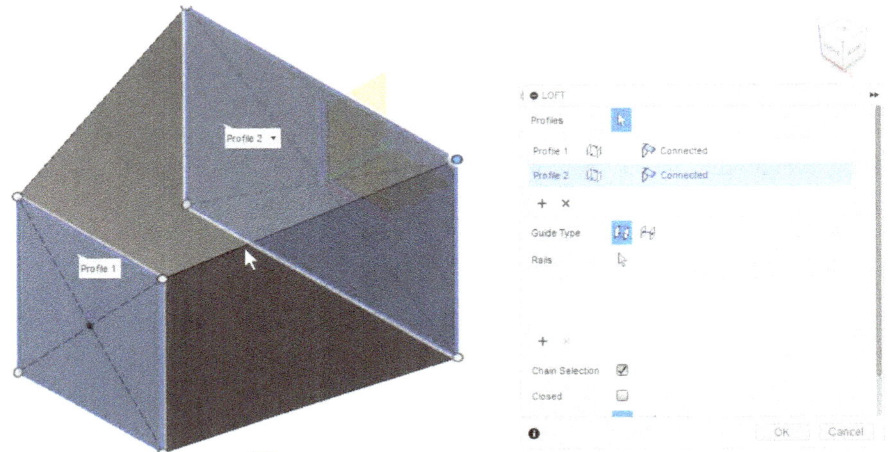

Figura 100: Utilización de la función "Loft" para crear un sólido

Para la cabina del conductor, dibujamos entonces un nuevo croquis con un rectángulo de 140 mm de ancho y 170 mm de alto en el plano posterior de este sólido.

A continuación, extruimos este rectángulo 120 mm. Ahora ya tenemos las dos formas básicas para nuestro objeto.

Figura 101: El cuerpo básico de la parte delantera del camión

Para los dos guardabarros o pasos de rueda, dibujamos un boceto en el plano y-z en el siguiente paso, ya que queremos extruirlos simétricamente desde el centro.

Después de iniciar un croquis, dibujamos primero un arco de 3 puntos con un radio de 50 mm y una distancia de 72 mm en dirección horizontal al origen.
Fijamos los dos puntos restantes coincidiendo con la esquina izquierda y una vez con la línea inferior del compartimento del motor. A continuación, necesitamos dos líneas horizontales de 2,5 mm de longitud cada una, que parten de los puntos de las esquinas, y otro arco de 3 puntos, que fijamos concéntricamente al primer arco y que empieza o termina en las líneas de 2,5 mm de longitud.

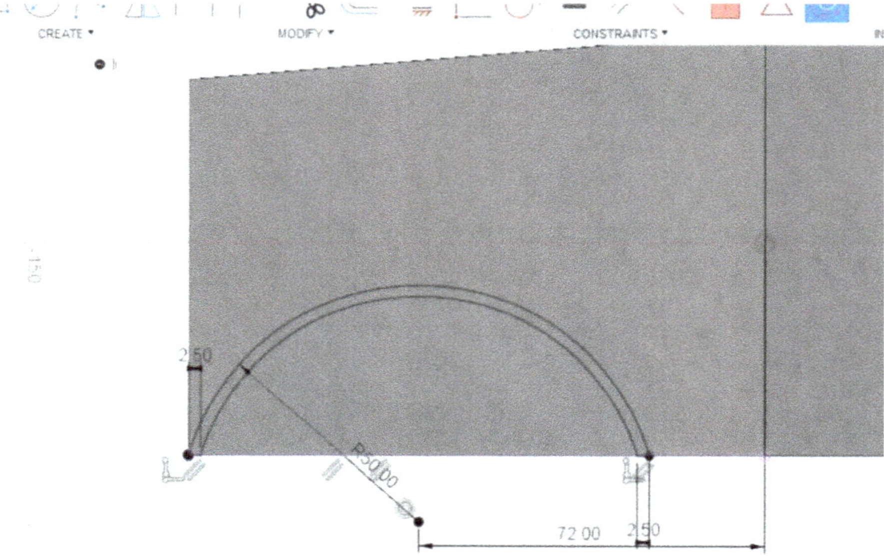

Figura 102: El perfil de los dos pasos de rueda; dibujado en el plano y-z

Para poder extrudir el perfil en modo 3D, primero debemos ocultar el cuerpo anterior, de lo contrario no podremos seleccionar el perfil porque está dentro.

Figura 103: Ocultación de un cuerpo: Haga clic en el símbolo del ojo pequeño en el árbol de estructura

Tomamos una dimensión de 70 mm con dirección simétrica o "Direction", "Symmetric". Si queremos crear un cuerpo independiente para el elemento de volumen, seleccionamos "New Body" para la "Operation", de lo contrario simplemente "Join", entonces simplemente se fusiona con el cuerpo anterior. En este caso elegimos "Join", porque estas alas deben seguir perteneciendo a nuestro cuerpo básico.

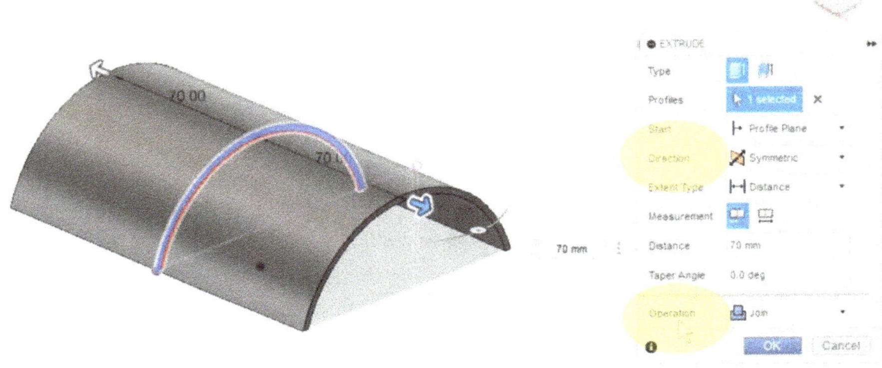

Figura 104: Extrusión simétrica de la superficie 2D para los pasos de rueda/defensas

Figura 105: Progreso de la construcción hasta el momento, después de que la carrocería se haya desvanecido de nuevo

En este capítulo sólo queremos crear una nueva carrocería para cada pieza complementaria, como la rejilla del radiador, los faros y el parachoques, pero no componentes como haríamos en un montaje normal. Ya hemos tocado brevemente el tema de los componentes y la forma de vincularlos a las juntas de un conjunto en un capítulo anterior y lo aprenderemos con más detalle en el siguiente.

Tenga en cuenta que en este contexto, cuerpo y componente son términos diferentes. ¿Confundido con las carrocerías, los componentes y los conjuntos? Hagamos una breve digresión sobre el cuerpo frente al componente:

La diferencia entre cuerpos y componentes es que cada conjunto está formado por componentes individuales y cada componente, a su vez, está formado por cuerpos. Se trata, pues, de una especie de detalle jerárquico. En un coche, por ejemplo, las partes del chasis, las puertas, las ruedas y todas las demás piezas individuales, hasta los tornillos más pequeños, son componentes. Cada uno de estos componentes de un conjunto principal, a su vez, puede subdividirse en varios cuerpos o incluso sólidos. Pero no tiene por qué hacerlo, también puede construir una sola pieza, es decir, un componente, a partir de un solo cuerpo, sobre todo si su diseño es muy sencillo.

En este caso, construimos nuestro modelo a partir de un solo componente, pero como el componente es algo más complejo, a partir de varios cuerpos. Esto ofrece la ventaja, por ejemplo, de que podemos delimitar claramente los cuerpos individuales y, por ejemplo, ocultarlos o cambiar ligeramente su aspecto. También lo hacemos porque sólo trabajaremos con componentes en el siguiente proyecto de diseño.

Para resumir brevemente en conclusión: Un cuerpo es, por así decirlo, una demarcación más detallada dentro de un componente, que a su vez es una parte individual de un conjunto. Un cuerpo es principalmente una parte de una pieza o componente, mientras que un componente puede moverse libremente dentro del conjunto matriz y está unido por medio de juntas dentro de un conjunto. No se preocupe si no lo entiende de inmediato, lo entenderá aún mejor durante el curso a través de la aplicación práctica.

De vuelta a nuestro camión. En el siguiente paso queremos ahuecar nuestro sólido, lo hacemos con el comando "Shell", un clic en la superficie inferior y la introducción de una pared de 5 mm.

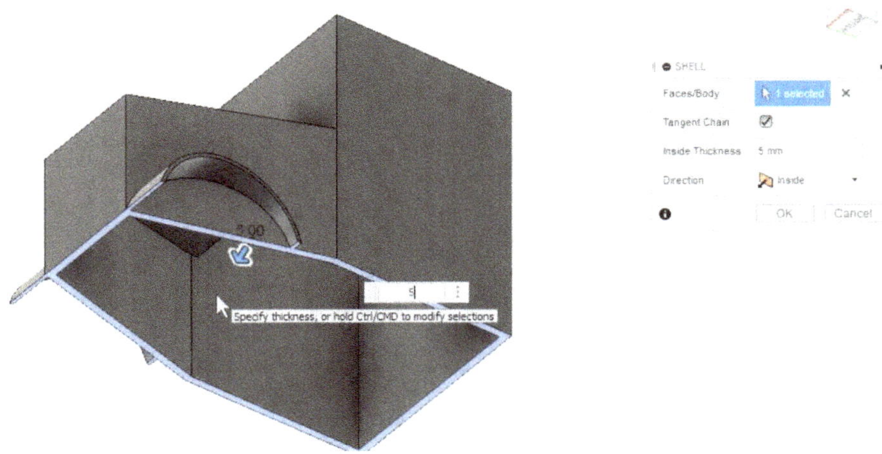

Figura 106: Aplicar el comando "Shell" a la superficie inferior (pared de 5 mm)

También nos gustaría eliminar las superficies del interior de los alojamientos de las ruedas. Por un lado, podríamos iniciar una extrusión tal y como la conocemos. Por otro lado, podemos simplemente hacer clic con el botón derecho del ratón en el elemento de la superficie y eliminarlo con "Delete".

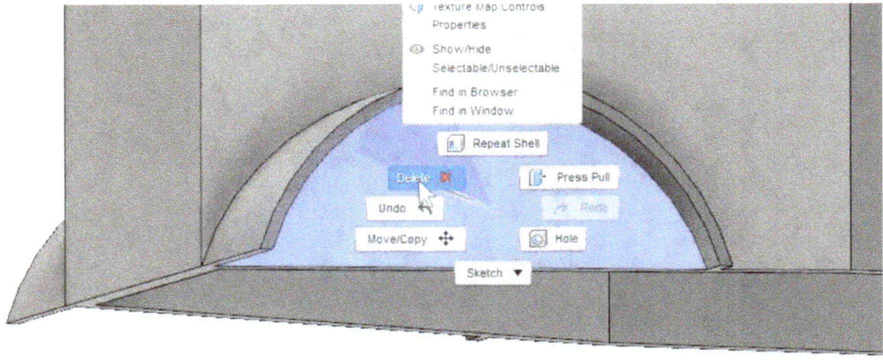

Figura 107: Borrar las secciones superfluas de la superficie con "Delete" (clic derecho en la superficie)

A continuación, nos ocupamos del parabrisas de dos partes. Queremos construirlo a partir de dos simples rectángulos. Tome las dimensiones del siguiente perfil.

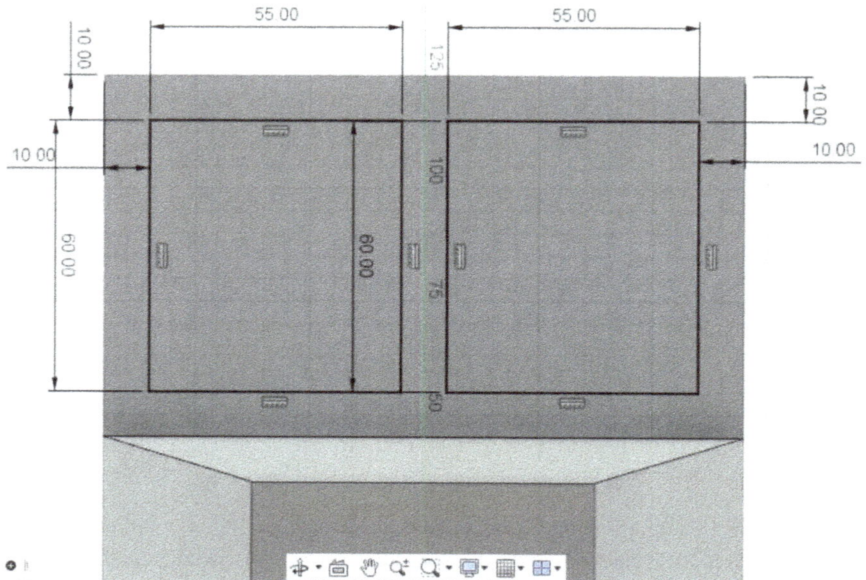

Figura 108: Las dos geometrías rectangulares para el recorte del parabrisas

A continuación, termine el boceto y recórtelo con "Extrusion". Redondeamos los bordes de las ventanas con 5 mm.

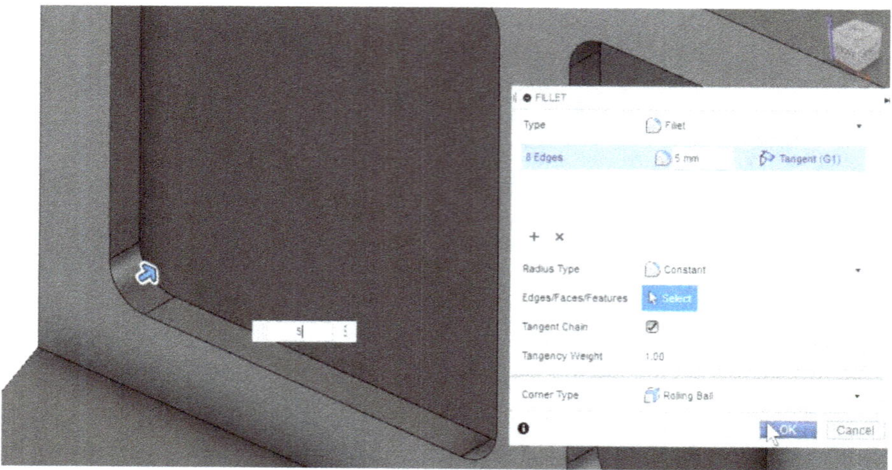

Figura 109: Los bordes interiores de los dos recortes están redondeados con 5 mm

Procedemos de forma similar para las ventanas laterales. Sin embargo, para esto sólo dibujamos un rectángulo en un lado y luego simplemente cortamos todo el ancho, ya

74

que la cabina es hueca de todos modos. Las dimensiones y la posición del rectángulo deben ser las siguientes:

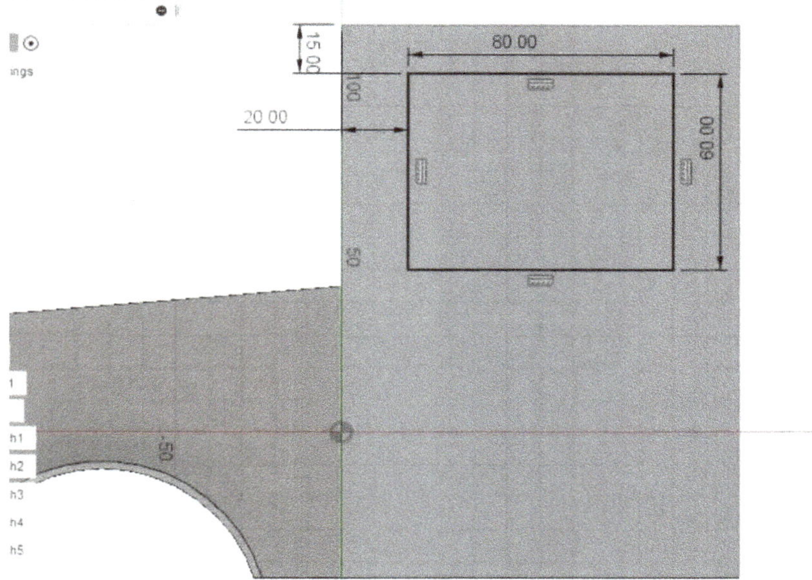

Figura 110: Las dimensiones para el recorte de las dos ventanas (extrusión a través del cuerpo completo)

Para dar a nuestro modelo al menos la apariencia de una puerta, conoceremos una nueva función, el comando "Emboss". Para este comando necesitamos primero un boceto, así que dibujamos un rectángulo para el estampado de la puerta en la superficie lateral de la cabina del conductor. El punto de partida debe estar en la esquina inferior izquierda de la ventana y el rectángulo debe tener 90 mm de altura y la misma anchura que la ventana.

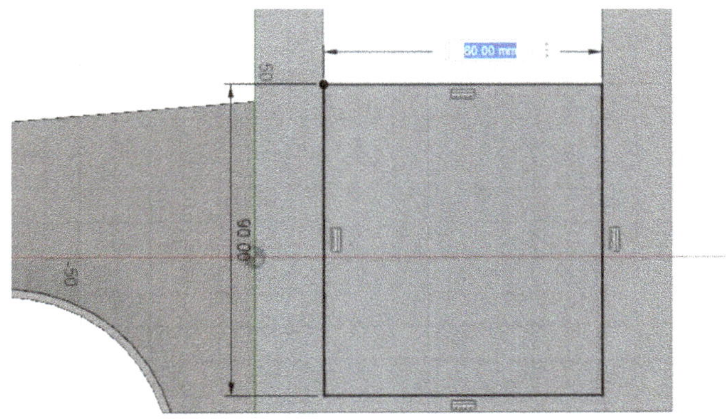

Figura 111: rectángulo de 80 x 90 mm en la superficie lateral del camión para la puerta

A continuación, seleccionamos el comando "Emboss" (menú: "Create") y el perfil esbozado y seleccionamos "Deboss" como efecto, ya que no queremos una elevación sino una depresión e introducimos 1 mm como profundidad.

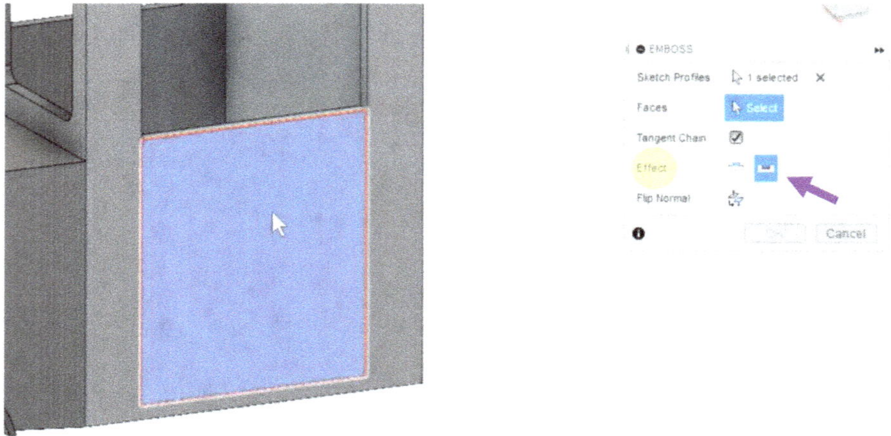

Figura 112: Comando "Emboss" con la opción "Deboss"

Como se habrá dado cuenta, este paso también habría sido posible con "Extrude".

Para la manilla de la puerta, dibujamos ahora otro rectángulo en esta superficie. Esta vez con las siguientes dimensiones:

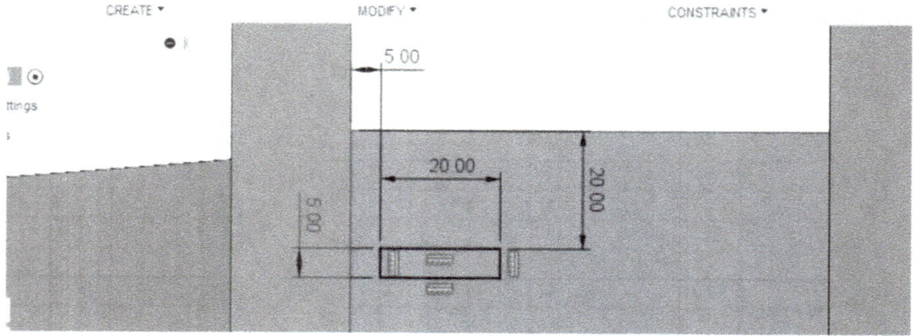

Figura 113: El rectángulo para la manilla de la puerta

A continuación, extruimos el perfil 5 mm y seleccionamos "New Body" en "Operation", ya que queremos crear un nuevo cuerpo para ello.

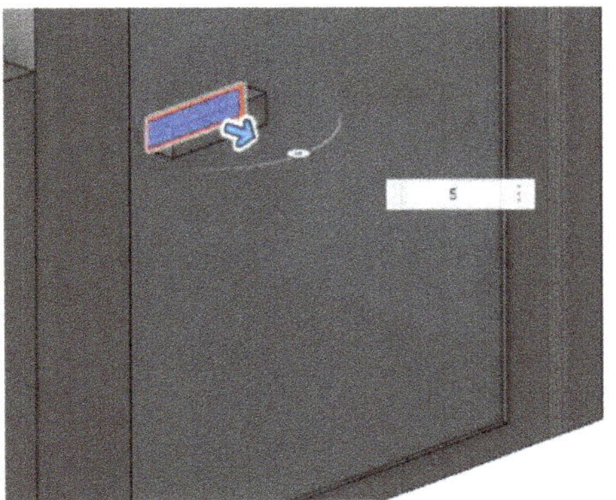
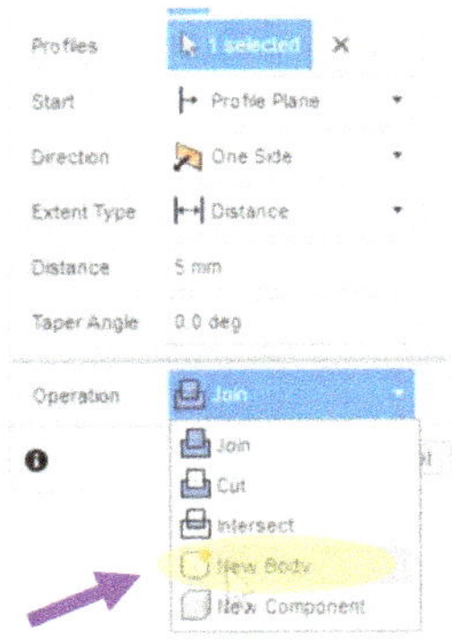

Figura 114: Extruir la manilla de la puerta 5 mm y tener un nuevo cuerpo creado

Para facilitarnos la tarea, simplemente reflejamos estas dos características en el otro lado. Para ello, seleccionamos el comando "Mirror" (menú: "Create") y en sus opciones seleccionamos primero "Type": "Features". A continuación, simplemente seleccionamos el relieve y la manilla de la puerta en la línea de tiempo (abajo) y luego cambiamos en las opciones de espejo al elemento: "Mirror Plane" y seleccionamos el plano y-z como plano de espejo.

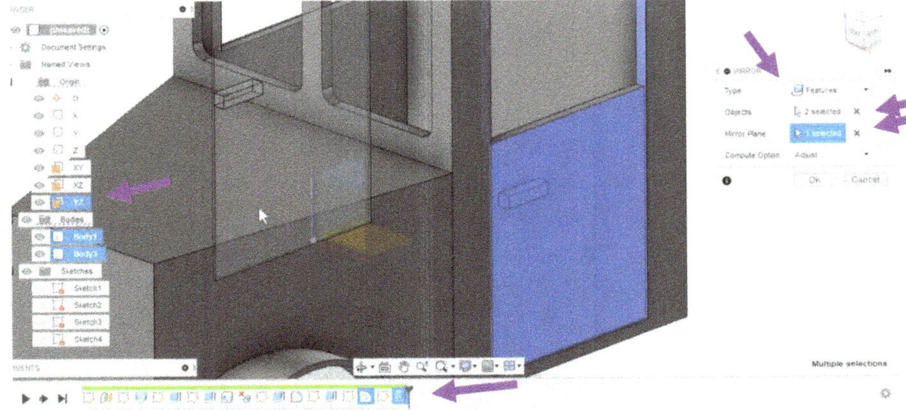

Figura 115: Comando "Mirror": Primero seleccione las características de la línea de tiempo, luego el plano de espejo

La función Espejo suele ahorrar mucho tiempo con las piezas y rasgos simétricos, por cierto, también en el entorno de croquis 2D, así que intente utilizarla lo más a menudo posible.

Continúe con dos filetes, uno para las dos manillas de las puertas con 1,5 mm cada uno y los dos bordes superiores de las ventanas laterales con 5 mm cada uno.

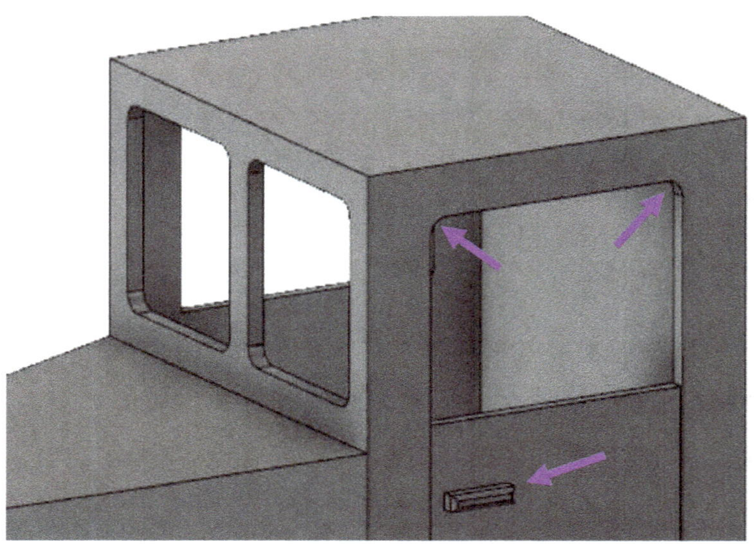

Figura 116: Añadir filetes (para los tiradores de las puertas, simplemente seleccione la superficie superior)

Ahora dibujamos el parachoques. Este debe situarse en la parte delantera con las dimensiones de 140 mm y 15 mm. Para ello, volvemos a utilizar la dependencia colineal para la línea horizontal superior, que enlazamos con la parte delantera del camión, y por ejemplo la línea vertical izquierda, que enlazamos con el lateral del camión, para definir completamente el boceto.

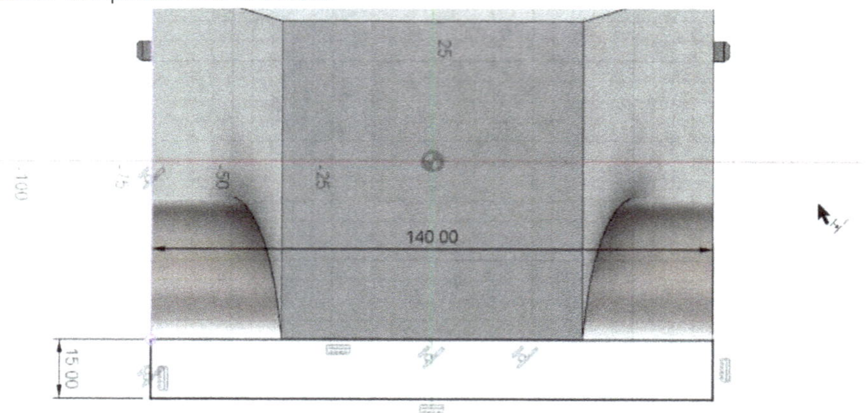

Figura 117: El boceto en 2D para el parachoques de la parte delantera del camión (sólo hay que crear el boceto en la parte delantera)

Entonces podemos extruir el perfil 8 mm, volvemos a crear un nuevo cuerpo ("New Body") para él, y lo redondeamos con 4 mm.

Figura 118: Parachoques terminado (simplemente seleccione la superficie superior para redondearla)

Para los faros, primero dibujamos uno de los dos requeridos, en la superficie frontal y luego lo reflejamos de nuevo. El perfil debe tener las siguientes dimensiones, por ejemplo:

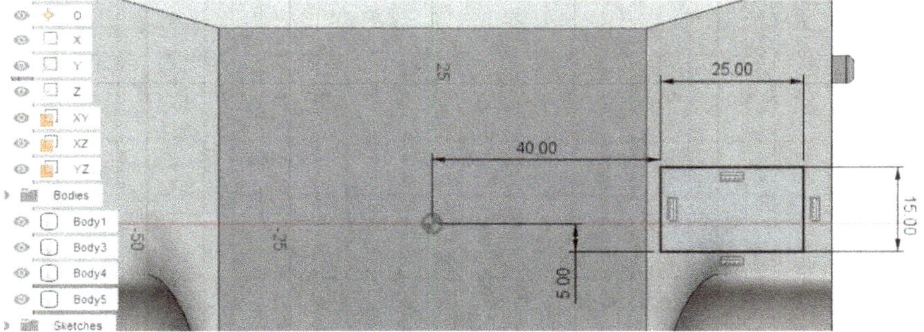

Figura 119: El boceto de uno de los dos faros (boceto en la superficie frontal del camión)

A continuación lo extrusionamos con 10 mm. Además, dibujamos otro recorte de 2 mm con 2 mm de distancia al cuerpo del faro (dibuje un rectángulo con 2 mm de distancia al borde del faro en un boceto) para mejorar un poco el diseño.

Figura 120: Para el recorte, dibuje un rectángulo con 2 mm de distancia al borde en la superficie del foco y extrúyalo 2 mm hacia el interior ("Cut").

Y un puntal de conexión para sugerir un poco más de estabilidad. Para este puntal de conexión necesitamos una geometría circular en la superficie lateral delantera del camión con 6 mm de diámetro a una distancia de 83 mm y horizontal al origen.

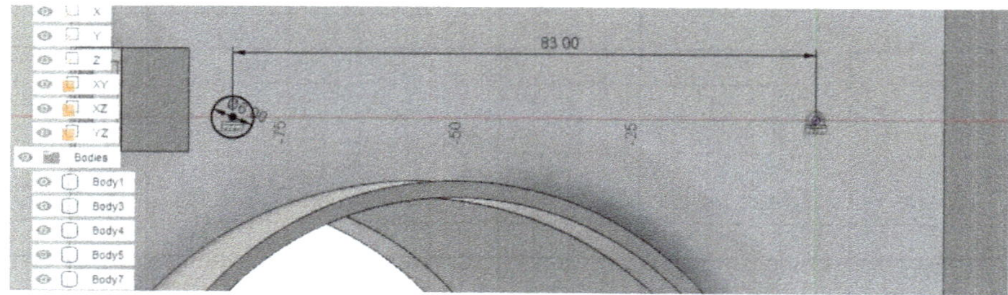

Figura 121: Cree una geometría circular en la superficie lateral delantera del camión (haga clic con el botón derecho del ratón en la superficie para crear un boceto)

Además, otra geometría circular en la parte trasera del faro, también de 6 mm de diámetro, que simplemente dimensionamos desde los bordes superior y lateral a 8 mm y 12 mm.

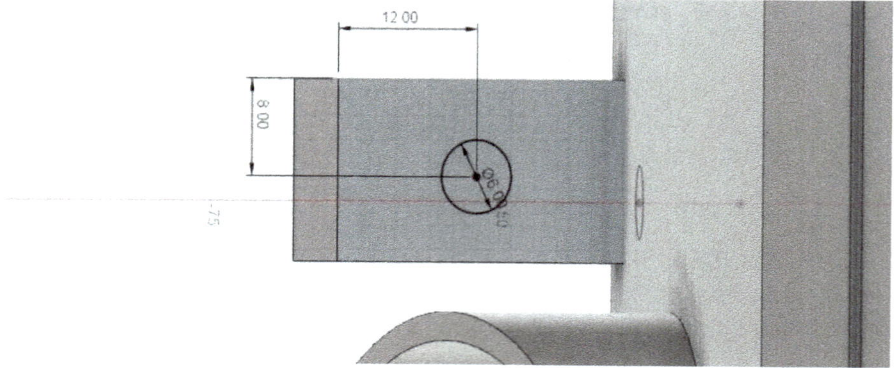

Figura 122: La segunda geometría circular en la parte trasera del faro

A continuación, utilizamos el comando "Loft" y conectamos las dos superficies circulares para formar un puntal de conexión tridimensional.

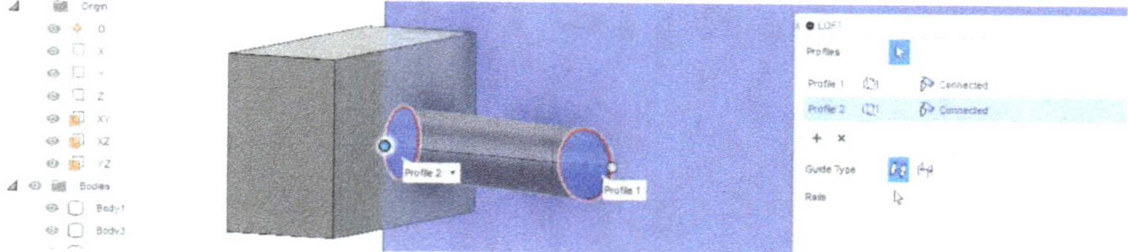

Figura 123: Comando "Loft" del menú "Create"

Ahora podemos reflejar el faro y el puntal hacia el otro lado.

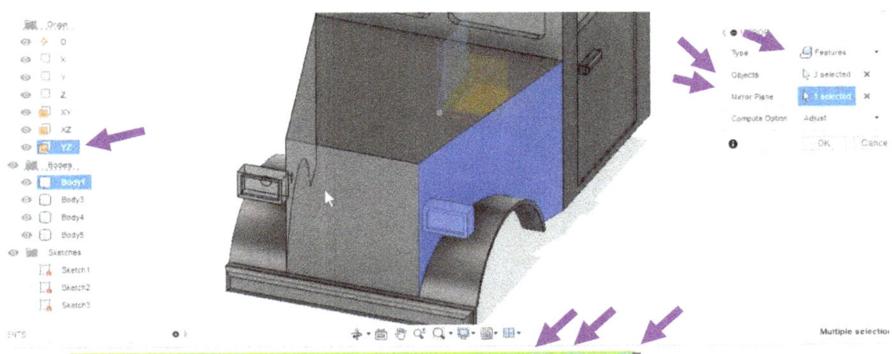

Figura 124: Reflejo: Seleccione las características en "Type" en las opciones (arriba a la derecha), luego cambie a "Objects" y seleccione las características en la línea de tiempo (abajo), finalmente cambie a "Mirror Plane" en las opciones (arriba a la derecha) y seleccione el plano y-z en el árbol de estructura

Como último detalle del frontal de nuestro camión nos gustaría dibujar una rejilla de radiador. Para ello, primero iniciamos un nuevo croquis en la superficie frontal.

A continuación, dibujamos primero un rectángulo con una anchura de 75 mm y una altura de 80 mm, la línea lateral y la línea superior deben ser colineales a las líneas de la superficie frontal. En el siguiente paso otro rectángulo, con 4 mm de distancia al borde del primer rectángulo, que bordea nuestros recortes de nevera.

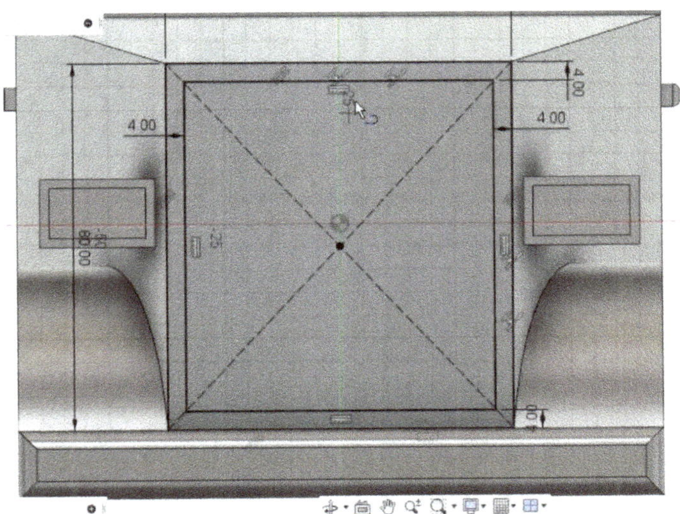

Figura 125: Dibuje los dos rectángulos en la superficie frontal - uno de ellos congruente y otro con una distancia de 4 mm del borde.

A continuación, trazamos una línea vertical congruente con la línea central. A continuación, a una distancia de 1 mm de la línea central, trazamos una línea a la izquierda y otra a la derecha de la línea central. Los puntos inicial y final deben situarse en el segundo rectángulo dibujado.

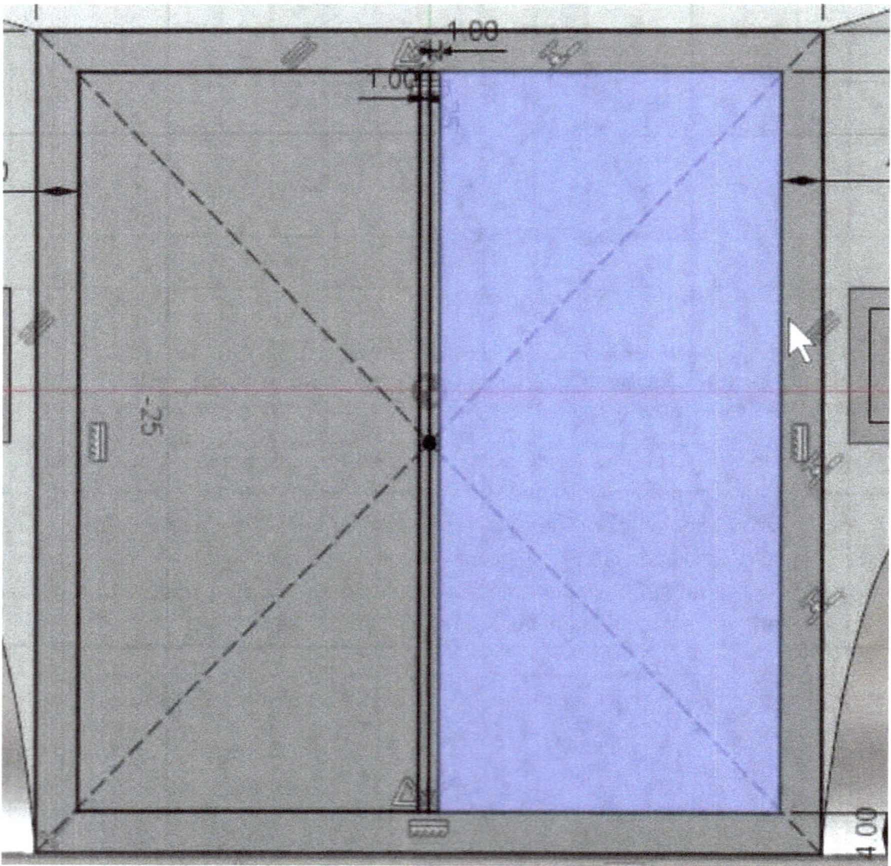

Figura 126: La línea central y una línea a la izquierda y a la derecha de la misma, cada una de ellas a 1 mm de distancia

Ahora tendríamos que dibujar muchas de estas líneas, porque queremos extruir cada segundo espacio de ellas para conseguir la forma de la rejilla del radiador.

Para facilitarnos la vida, utilizamos un nuevo comando, el comando "Pattern", o también "Rectangular Pattern", en este caso.

Para ello, seleccionamos los elementos de la línea vertical, introducimos una distancia de 1 mm entre los elementos.

A continuación, seleccionamos para "Distance Type": "Spacing" y para "Direction Type" para el eje x: "Symmetric", ya que queremos ambas direcciones x, y aumentamos el número a 65. Tada, el programa hace el trabajo por nosotros.

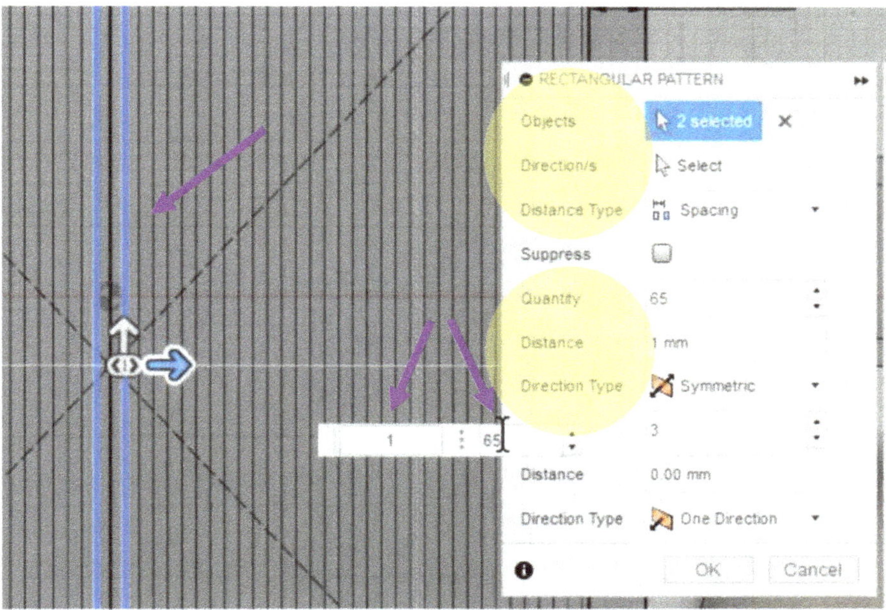

Figura 127: Comando "Rectangular Pattern" (Las líneas negras deseadas ya han sido creadas por el programa en esta imagen)

Para crear el cuerpo sólido de la rejilla del radiador, extruimos ahora la zona entre los dos rectángulos grandes y uno de cada dos rectángulos largos y estrechos 2 mm hacia fuera para crear el siguiente cuerpo:

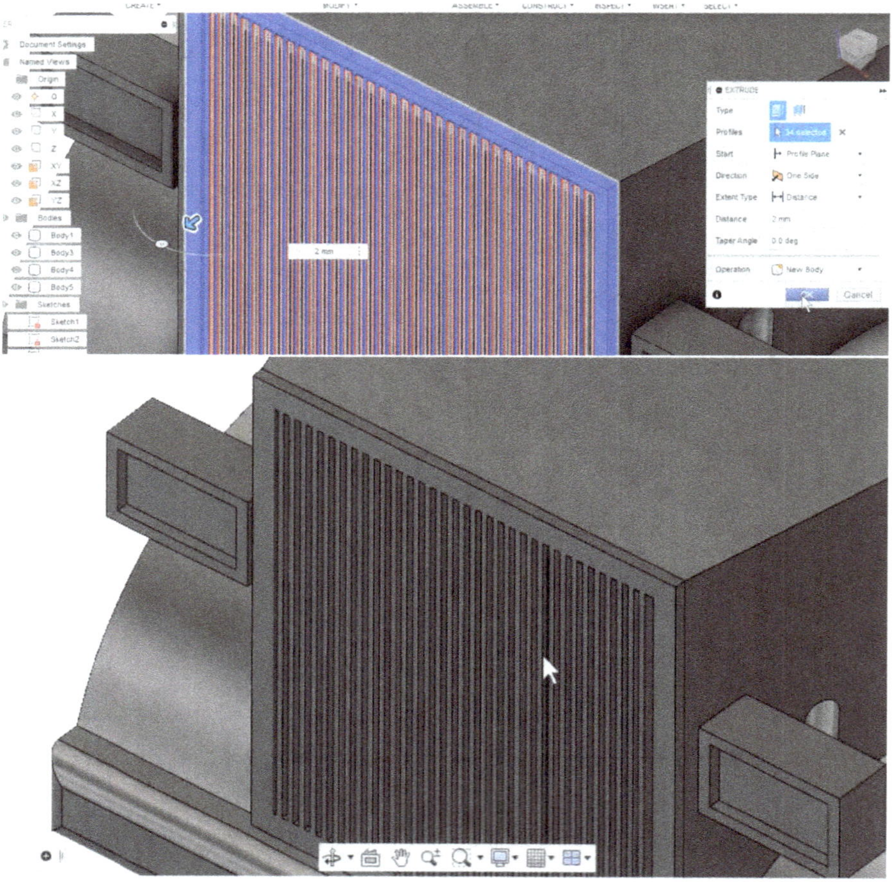

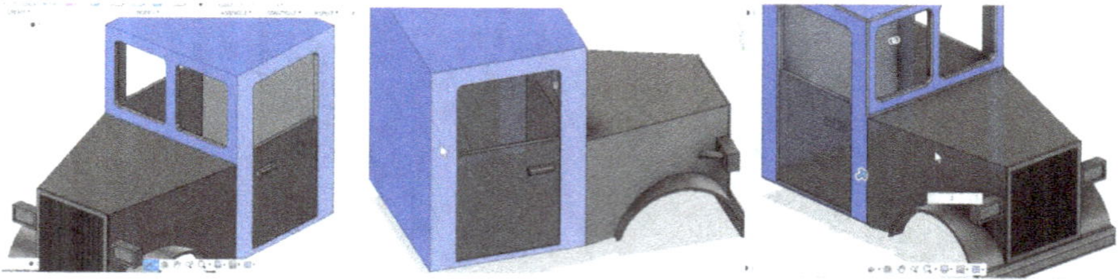

Figura 128: Extrusión de la rejilla del radiador

¡Muy bien! Después de haber redondeado las superficies de la cabina del conductor con 2 mm cada una, echamos un vistazo rápido a las carrocerías individuales y ¡hemos terminado esta lección! ¡Super, si te quedas con él!

Figura 129: Redondeo de las superficies para la cabina del conductor (superficies azul claro y radio de 2 mm)

Como podemos ver, ahora hemos creado varios cuerpos en la carpeta "Bodies" del árbol de estructura. Más concretamente, uno para las manillas de las puertas, la cabina del conductor, los faros, los montantes, el parachoques y la rejilla del radiador. Ahora podemos ocultar/mostrar estos cuerpos como queramos o cambiar el material o la apariencia por cuerpo con un clic derecho.

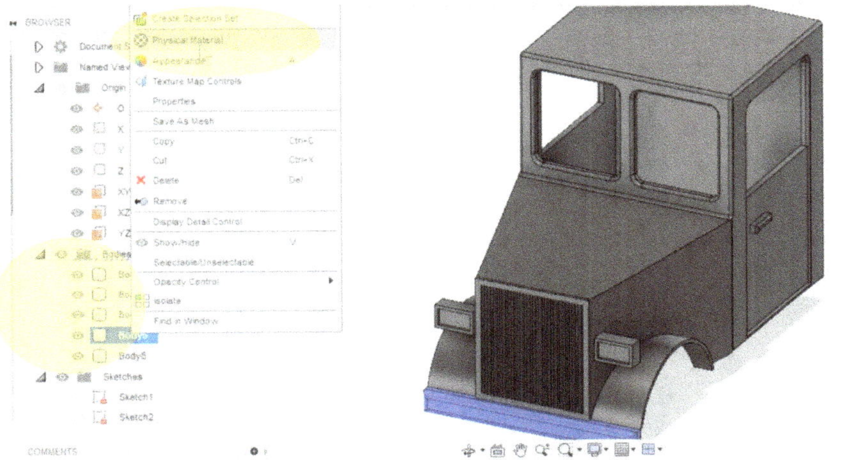

Figura 130: Modificación del material de un cuerpo (haga clic con el botón derecho del ratón sobre el cuerpo y seleccione "Physical material". En el menú, basta con "arrastrar" un material sobre el cuerpo con el botón del ratón pulsado).

Si queremos podemos imprimir el modelo tal cual con una impresora 3D. Si está interesado en la impresión 3D, eche un vistazo al libro "Impresión 3D | Paso a Paso".

Si prefiere construir el parachoques, la rejilla del radiador y los faros como componentes independientes y luego ensamblarlos en el montaje, debería echar primero un vistazo a la siguiente lección. En esta lección veremos paso a paso y en detalle cómo funciona la manipulación de componentes en un montaje. Construiremos un modelo simplificado de un motor de combustión interna de 4 cilindros.

¡Esto va a estar muy bien! Pongámonos manos a la obra de inmediato.

4.4 Proyecto de diseño IV: modelo de motor de automóvil de 4 cilindros

En este capítulo, como se anunció, queremos construir un modelo simplificado de un motor de 4 cilindros. Primero queremos construir este modelo a partir de varios componentes principales, como en la realidad, pero luego descuidaremos algunos detalles para que la construcción no se vuelva demasiado compleja. Necesitamos un cárter, cuatro pistones, cuatro bielas, cuatro bulones y un cigüeñal. En este curso prescindiremos del cárter de aceite y de la culata con tapa de válvulas.

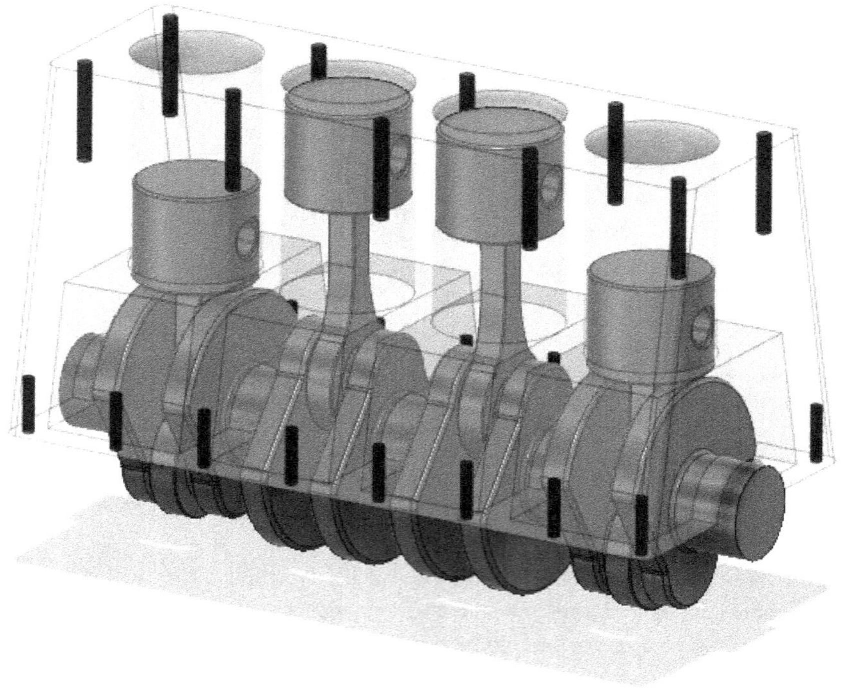

Figura 131: El modelo del motor de 4 cilindros que construiremos en este capítulo.

4.4.1 Parte 1: Cárter

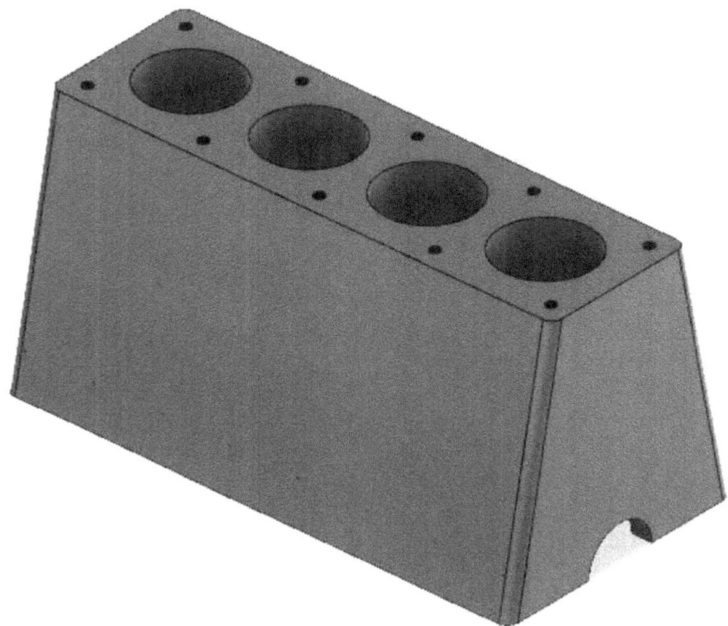

Figura 132: El cárter del motor de 4 cilindros

El primer componente que construimos es el cárter, ya que crea un punto de partida central. Para ello, comenzamos en el plano x-y con un croquis.

Para crear la forma del cárter como cuerpo básico, primero abarcamos un rectángulo desde el punto central (origen de coordenadas en el plano) y podemos introducir inmediatamente 500 mm como anchura y 150 mm como altura como dimensiones. Como podemos ver, el perfil dibujado se vuelve negro después de introducir las dimensiones, es decir, completamente definido.

A continuación, terminamos el croquis y creamos un plano paralelo al plano x-y en modo 3D con una distancia de -250 mm, como ya hemos aprendido en una de las lecciones anteriores.

Sobre este plano dibujamos entonces un rectángulo de idéntica anchura, es decir, 500 mm, y una altura de 250 mm (el inicio es de nuevo el centro de coordenadas).

Una vez que hayamos cerrado el croquis, utilizaremos el comando "Loft" para crear un sólido trapezoidal.

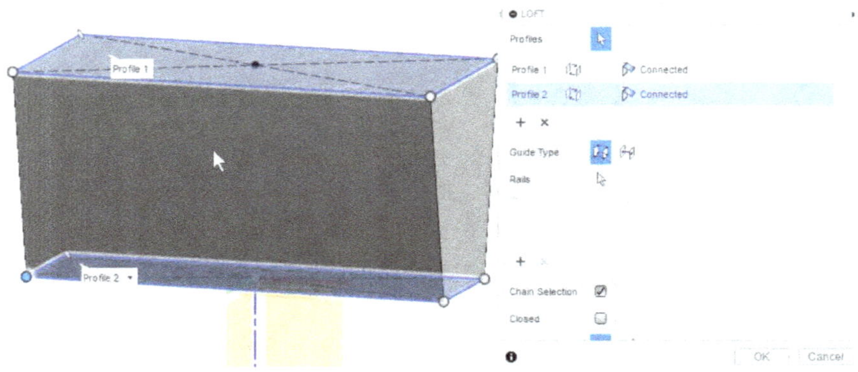

Figura 133: Conexión de los dos bocetos en los niveles con el comando "Loft"

Ahora nos ocupamos de los agujeros para los pistones, es decir, los cilindros. Podemos insertarlos de dos maneras, ya sea con la función "Hole" o como un recorte circular con "Extrude".

Como los agujeros tienen que atravesar completamente el cubo, en este caso utilizamos simplemente el recorte. Para ello, iniciamos un croquis en la superficie superior.

Nos gustaría crear cilindros con un diámetro de 90 mm y construir un motor de 4 cilindros. Por lo tanto, necesitamos las siguientes dimensiones y geometrías:

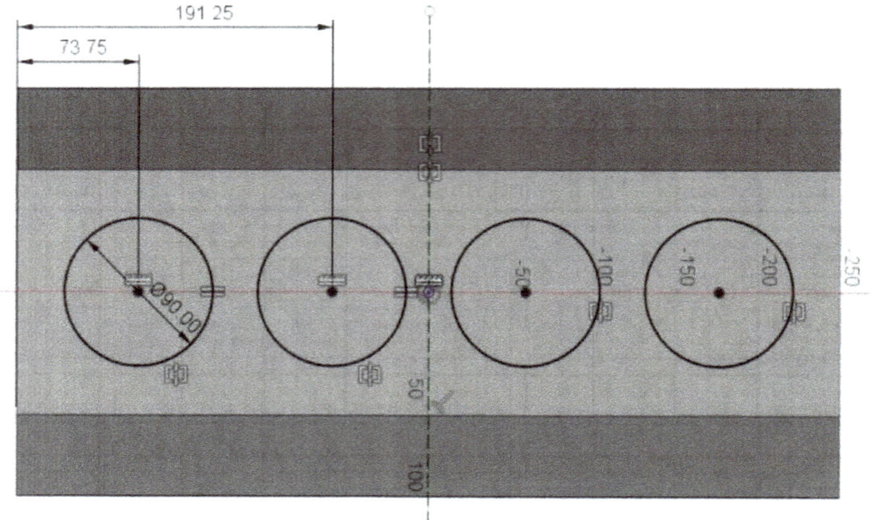

Figura 134: Los círculos para los recortes de los cilindros; esbozados en la superficie superior

¿Cuál es la forma más fácil de dibujar estos círculos? Primero dibujamos un círculo de 90 mm de diámetro y determinamos su posición en la dirección del eje x con una dimensión de 73,75 mm desde el centro hasta el borde. Para definir completamente la posición del círculo, necesitamos no sólo el diámetro y una dimensión hasta un punto fijo en la dirección x, sino también una posición en la dirección y. Como el centro del círculo debe estar en el eje x, utilizamos una condición en lugar de una dimensión. Seleccione el centro del círculo y el origen, y seleccione la condición horizontalmente. Entonces, el perfil es negro y, por tanto, está completamente definido.

Para el segundo círculo volvemos a utilizar las condiciones. En primer lugar, simplemente dibuje un círculo y, a continuación, establezca la condición "Equal", para que el círculo obtenga la misma dimensión sin necesidad de acotar más (seleccione la condición y ambos círculos). A continuación, de nuevo la condición "horizontal" para la posición y del círculo. Y una dimensión en x, para la posición x en el sistema de coordenadas. En este caso 191,25 mm, para crear una distancia uniforme de 117,5 mm entre los cilindros.

Como nuestra geometría de los cuatro círculos es axisimétrica alrededor del eje y, ahora podemos crear los otros dos círculos de forma muy rápida y sencilla con el comando "Mirror". Para el comando, primero tenemos que crear un eje alrededor del cual queremos reflejar, ya que el eje y no es seleccionable en este caso. Para ello, trazamos una línea congruente con el eje "y" y la unimos con la coincidente en el origen. A continuación, convertimos esta línea en una línea de construcción o auxiliar haciendo clic con el botón derecho del ratón y seleccionando "Normal/Construction". Esto puede reconocerse por el tipo de línea discontinua.

No definiremos completamente las líneas de construcción, ya que no son necesariamente relevantes. Sólo necesitamos una posición definida en la dirección x, ya la tenemos.

A continuación, seleccione el comando "Mirror" en el menú "Create" y seleccione los dos círculos, cambie la selección en las opciones a "Mirror Line" y luego seleccione la línea de construcción que acaba de crear. Voilà, los otros dos círculos están creados y ya totalmente definidos.

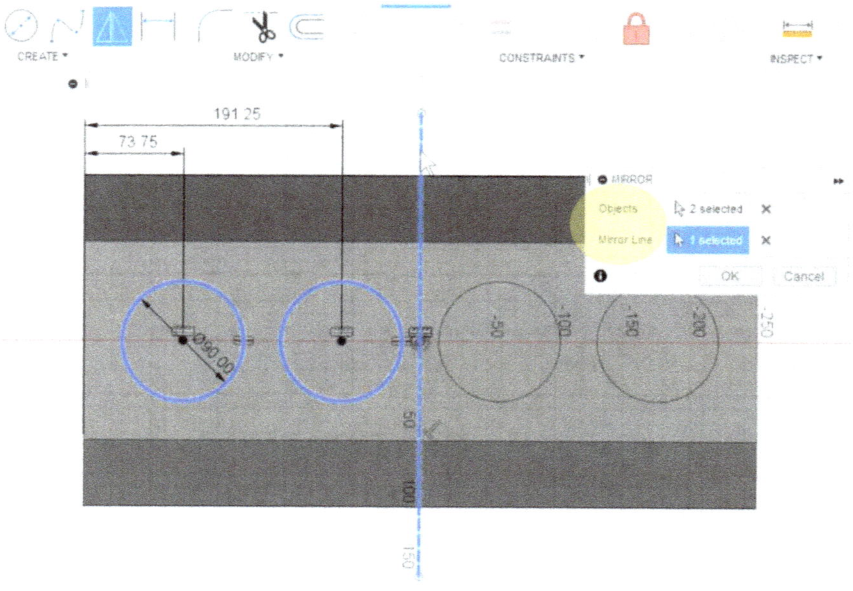

Figura 135: Seleccione "Mirror"; seleccione los objetos; cambie a "Mirror Line" (en las opciones de la derecha) y luego seleccione la línea de construcción; se crean círculos espejados.

Cerramos el croquis 2D y creamos las secciones con "Extrude" seleccionando las cuatro áreas circulares. En las opciones podemos seleccionar "To Object" para "Extent Type" y luego seleccionar la superficie hasta la que se van a realizar los recortes. En nuestro caso seleccionamos la superficie del suelo. Por cierto, "Cut" debe introducirse en "Operation".

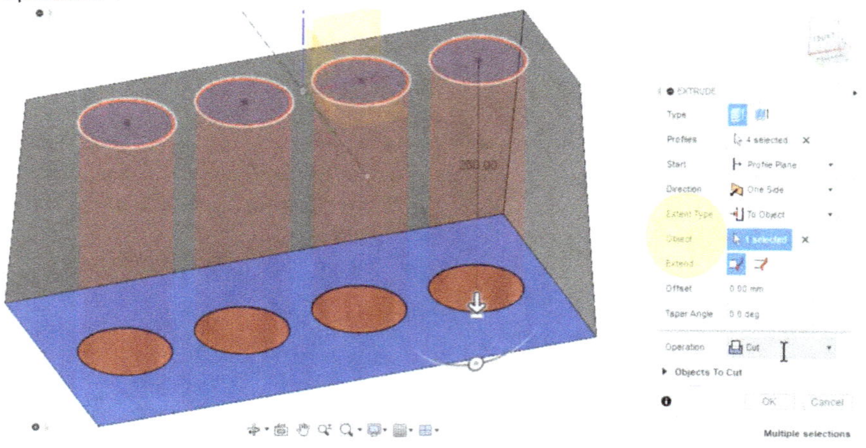

Figura 136: Recorte a la superficie del suelo ("To Object")

Por cierto, podríamos haber integrado estas áreas circulares directamente en el primer boceto y así ahorrarnos un paso.

A continuación, trabajamos en la parte inferior del cárter, en la que el cigüeñal encontrará posteriormente su lugar. Para ello, creamos un recorte trapezoidal que se extiende simétricamente desde el centro de la carcasa (boceto en el plano y-z).

Primero dibujamos una línea base y la ponemos colineal con el fondo del cárter. La longitud no es importante por ahora.

A continuación, dibujamos el trapecio como se indica y dimensionamos la altura con 100 mm.

A continuación, dimensione los puntos de las esquinas inferiores con 25 mm hacia la pared.

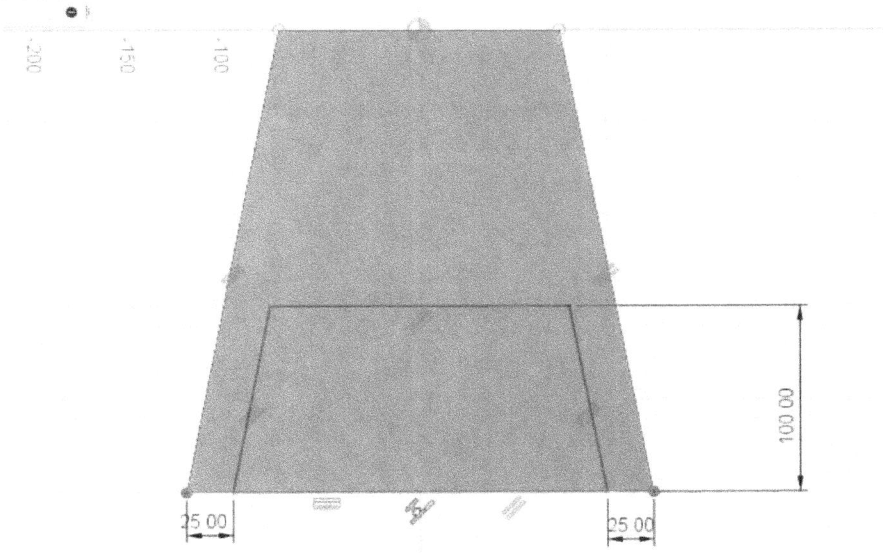

Figura 137: El trapecio en el plano y-z

Para poder seleccionar la superficie en modo 3D, ocultamos brevemente el cuerpo. En el modo 3D, utilice de nuevo el comando "Extrude" y seleccione la superficie. A continuación, muestre el cuerpo de nuevo. A continuación, seleccionamos la opción "Symmetric" para "Direction" y la opción "Cut" para "Operation".

También introducimos una dimensión de 230 mm, ya que tenemos una longitud de 500 mm y queremos dejar 25 mm de espesor de pared para cada uno. El cálculo es: 225 mm x 2 = 450 + 2x 25 hace 500 mm. Confirme y ya está.

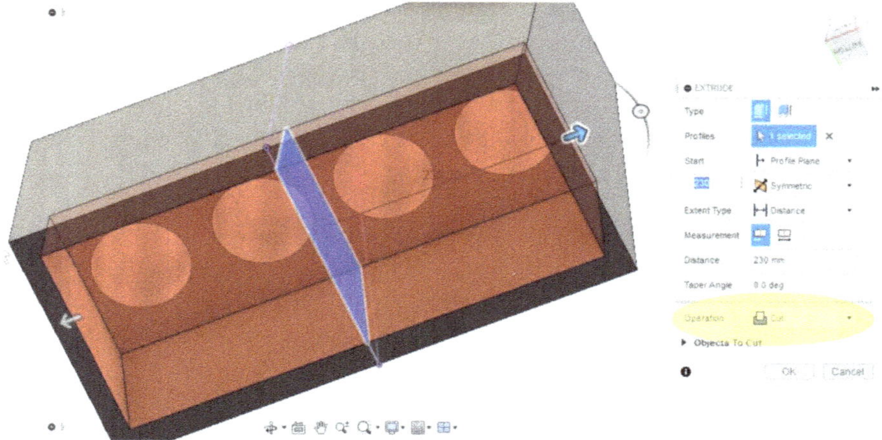

Figura 138: Realización del recorte en la parte inferior del cárter

Ahora tenemos que volver a añadir material para los soportes del cigüeñal. Dibujamos los siguientes tres perfiles rectangulares en la superficie inferior de la carcasa:

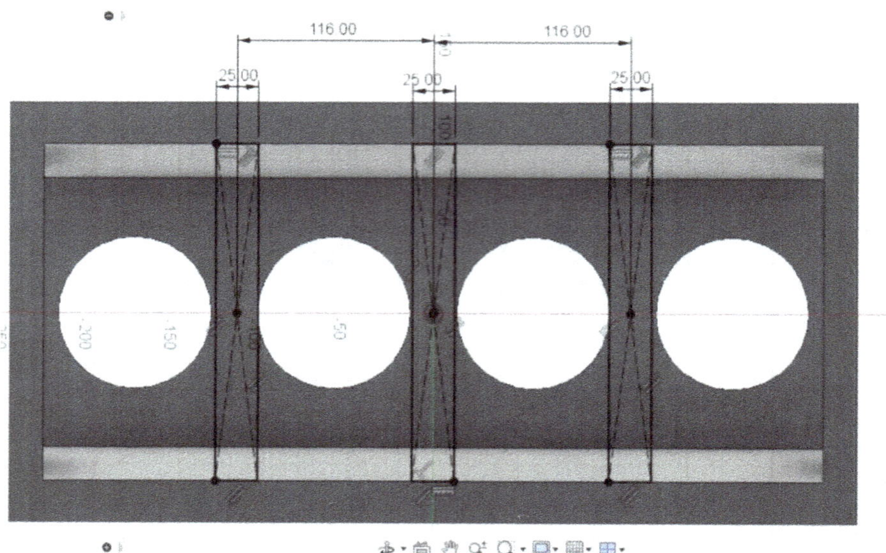

Figura 139: Los tres perfiles rectangulares; boceto de inicio en el borde inferior de la carcasa

A continuación, extruimos esto en modo 3D seleccionando "To Object" en "Extent Type", así como "Join" en "Operation", en las opciones de extrusión. De este modo, podemos seleccionar la superficie inferior del cilindro y extruir las tres barras hacia ella.

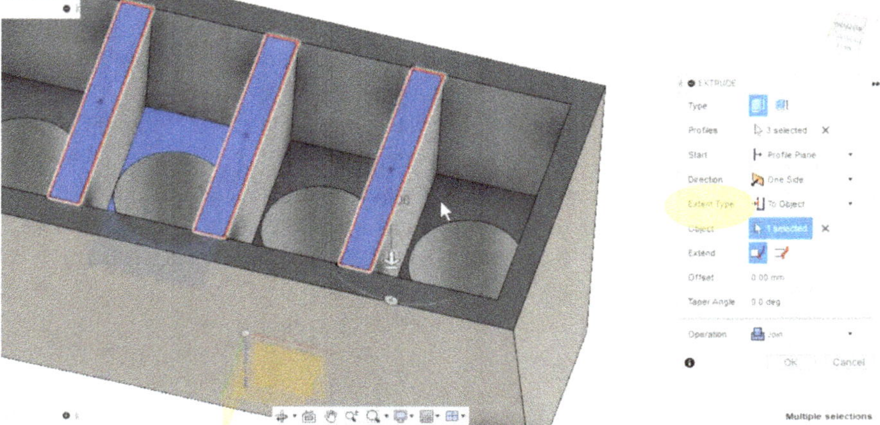

Figura 140: Extruir las 3 barras hacia la superficie interior

En el siguiente paso creamos un recorte circular para las superficies de apoyo del cigüeñal. Para ello, dibujamos un círculo con un diámetro de 70 mm y una distancia de 125 mm desde el punto de la esquina en la pared lateral de la carcasa. El centro del círculo debe ser congruente con la línea inferior.

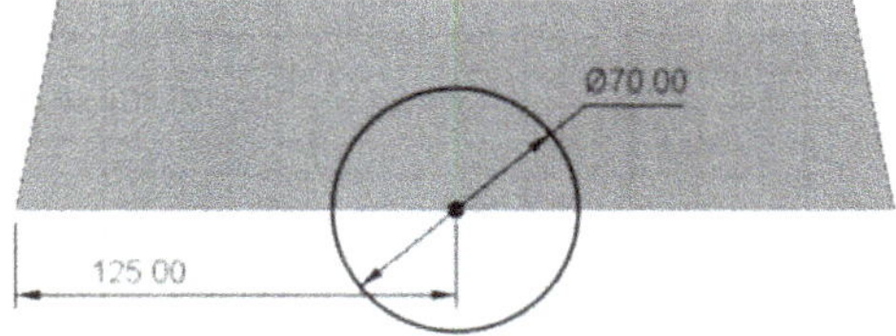

Figura 141: Geometría circular para alojar el cigüeñal; boceto en la superficie lateral

A continuación, lo extruimos completamente a través de todo el recinto utilizando la opción "Cut".

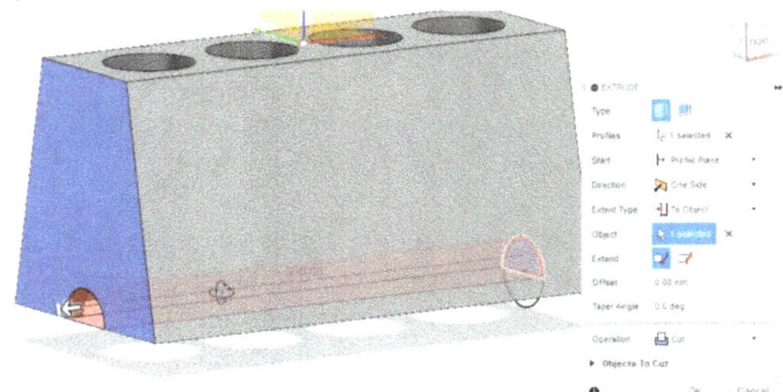

Figura 142: Creación del recorte para el cigüeñal

En el penúltimo paso, nos gustaría crear agujeros roscados para montar la culata y el cárter de aceite en nuestro muy primitivo cárter. Primero creamos los agujeros para la culata. Para ello, utilizamos la función "Hole" en modo 3D.

Para poder colocar los agujeros correctamente, primero iniciamos un boceto en 2D en la superficie superior de la carcasa. Necesitamos diez agujeros para la culata. Para crearlos de forma rápida y sencilla, utilizamos el comando "Pattern" del área "Create". En este caso necesitamos de nuevo el "Rectangular Pattern". Primero creamos un punto con una distancia de 20 mm desde cada una de las líneas laterales de la superficie de apoyo de la culata. Luego seleccionamos el punto y el comando "Pattern". Se nos muestran dos flechas, así como opciones de entrada para la distancia y el número del arreglo o patrón. Si simplemente arrastramos las flechas un poco más grandes y en la dirección deseada, vemos que se abre una matriz con los puntos a crear.

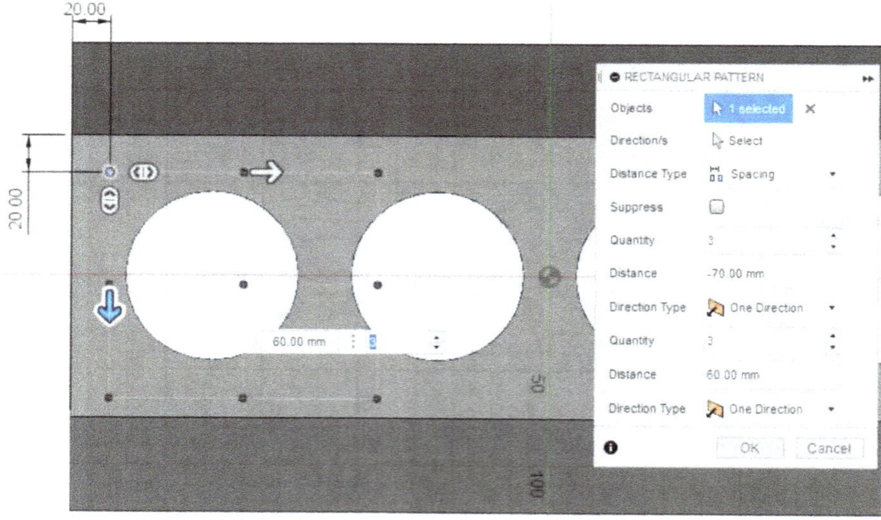

Figura 143: Se creó un punto (con "Create" en el área 2D) con una separación de 20 mm, así como se seleccionó el comando "Rectangular Pattern" y se arrastraron las flechas en la dirección deseada

Piense en ello como en una mesa. En la dirección Y necesitamos 2 filas si queremos. En la dirección x 5 filas. 2 x 5 es igual a 10 puntos para los agujeros.

Los puntos de esquina deben tener una distancia de 20 mm hasta el borde, es decir, necesitamos una distancia de -460 mm para el patrón en la dirección x y 110 mm en la dirección y. También podríamos ajustar el "Distance Type" en la barra de opciones a "Spacing", entonces mediríamos de punto a punto. A continuación, confirmamos con Ok y obtenemos el patrón deseado.

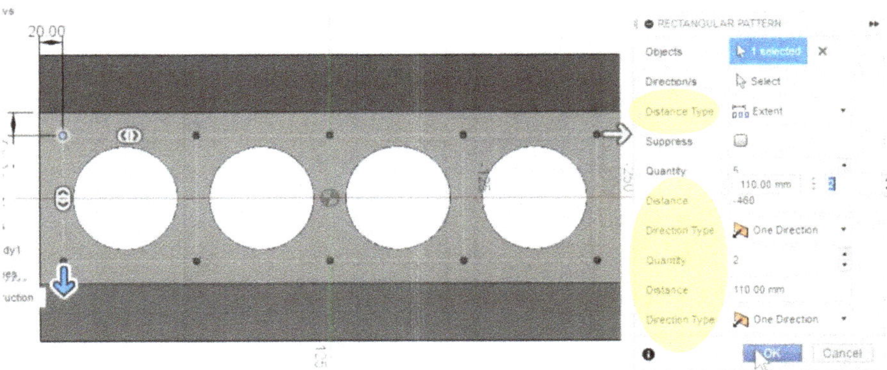

Figura 144: Para "Distance Type": seleccione "Extent" e introduzca la distancia y el número para la dirección x o y en los campos respectivos "Distance" (-460 mm en x; 110mm en la dirección y)

A continuación, seleccionamos el comando "Hole" en modo 3D y creamos los agujeros introduciendo las especificaciones y seleccionando los puntos. Para la "Placement" debe seleccionarse "From Sketch". Primero seleccionamos el tipo de orificio, es decir, "simple" y luego "tapped", porque queremos crear un orificio roscado. Queremos una rosca completa y un llamado agujero ciego como taladro ("angle" para "drill point").

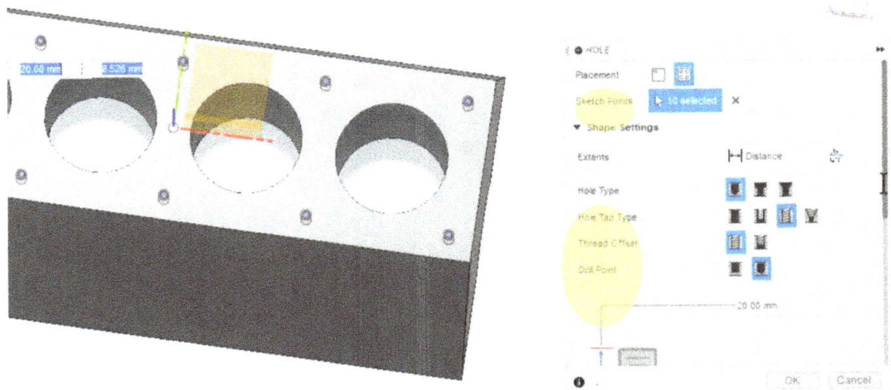

Figura 145: Seleccionar las especificaciones de los agujeros

En los campos de selección inferiores podemos entonces elegir qué dimensión debe tener el agujero roscado. Por ejemplo, nuestros agujeros deben tener una longitud de 70 mm y un diámetro de 10 mm para una rosca métrica M10. También queremos un paso de rosca de 1,5.

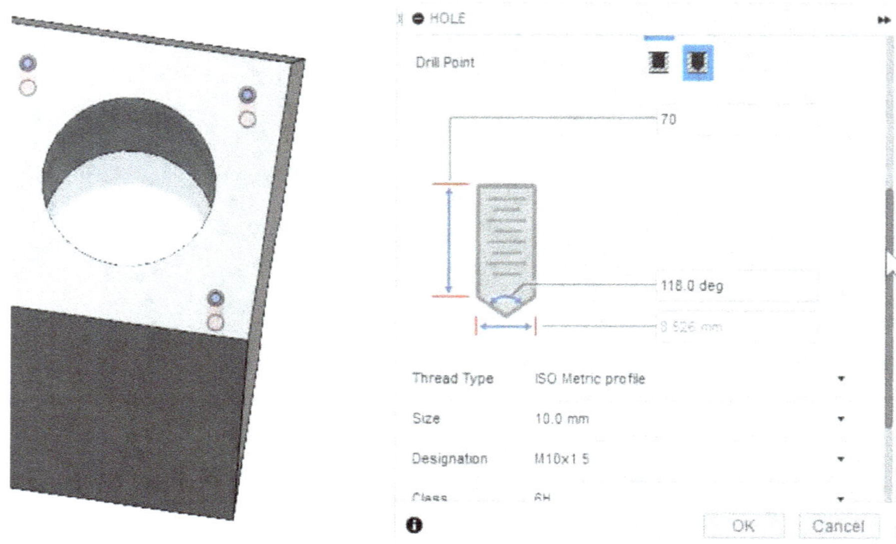

Figura 146: Dar más especificaciones para los agujeros

También podemos marcar la casilla "Modeled" (desplácese más abajo en las opciones) para que el hilo se corte y se muestre como real. Sin embargo, esto requiere un poco más de potencia de cálculo y puede llevar un poco más de tiempo. Confirme con "Enter" y se crearán los agujeros roscados.

Una pista más: Como ya se ha mencionado muchas veces, hay varios métodos de construcción, a veces más rápidos, a veces más lentos, pero básicamente todos llevan a la meta. Así que, si es posible, piense junto a ellos para poder reconocer también otras formas. Con los agujeros, por ejemplo, también es posible crear primero un agujero en el modo 3D y luego utilizar la función "Pattern" del modo 3D y colocar los agujeros de la misma manera que los puntos de boceto.

Veamos esto para los agujeros para el montaje de un cárter de aceite.
Seleccionamos "Hole" y, a continuación, la superficie de perforación, es decir, la parte inferior de la caja. A continuación, el tipo de agujero y las especificaciones como antes. Sin embargo, aquí sólo queremos agujeros roscados M8, por ejemplo, y una dimensión de 40 mm. A continuación, simplemente seleccionamos dos bordes para posicionar el agujero e introducimos la dimensión deseada en la dirección x e y para posicionar el primer agujero. Confirme cada 12,5 mm con Enter y se creará el agujero.

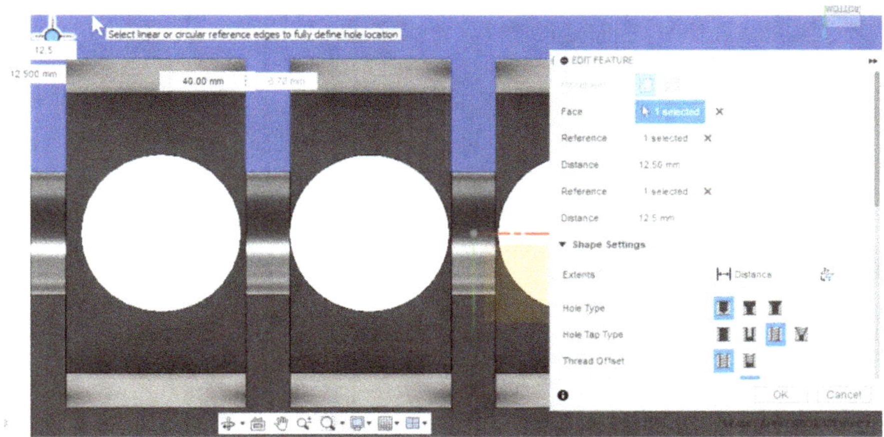

Figura 147: Acotación de agujeros en modo 3D sin croquis; simplemente seleccione una arista como referencia para la posición x e introduzca el valor de acotación; luego repita para la posición y análogamente

A continuación, seleccionamos el agujero y utilizamos el comando "Pattern". En el siguiente paso cambiamos a "Directions" en las opciones y luego hacemos clic en el eje x para indicar la primera dirección. Las flechas aparecen y podemos proceder de la misma manera que con el croquis 2D anterior. En la dirección x queremos 8 agujeros con una distancia total de 475 mm y en la dirección y 2 agujeros con una distancia de -225 mm; en total 16 agujeros.

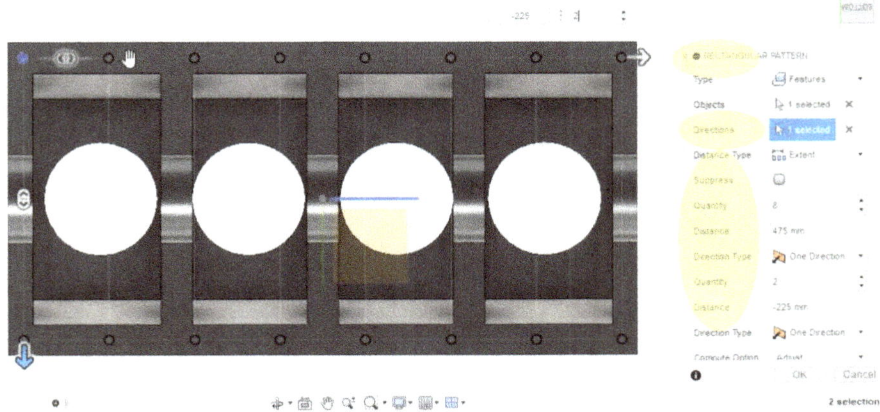

En el último paso para el cárter y en esta lección utilizamos el comando "Fillet" para redondear las esquinas. Seleccione el comando, seleccione los bordes deseados (por ejemplo, los laterales) e introduzca un radio de redondeo de, por ejemplo, 10 mm. ¡El cárter está terminado! La siguiente lección continúa con los pistones, las bielas y los bulones. Siga adelante.

4.4.2 Parte 2: Biela, pistón y bulón

Figura 148: Biela, pistón y bulón del pistón (no visible)

En esta sección nos interesan las bielas, los pistones y los bulones. Para ello, comenzamos con la creación de los pistones. Para ello, seleccionamos la parte inferior del cárter e iniciamos un nuevo componente con un clic derecho sobre el cárter en el árbol de estructura ("New Component"). A continuación, iniciamos un croquis en la superficie inferior interna del cárter (el nuevo componente) y dibujamos un círculo de 85 mm de diámetro concéntrico al 1er cilindro y luego terminamos el croquis. Ahora nos queda por extruir la superficie del círculo, elegimos por ejemplo 70 mm.

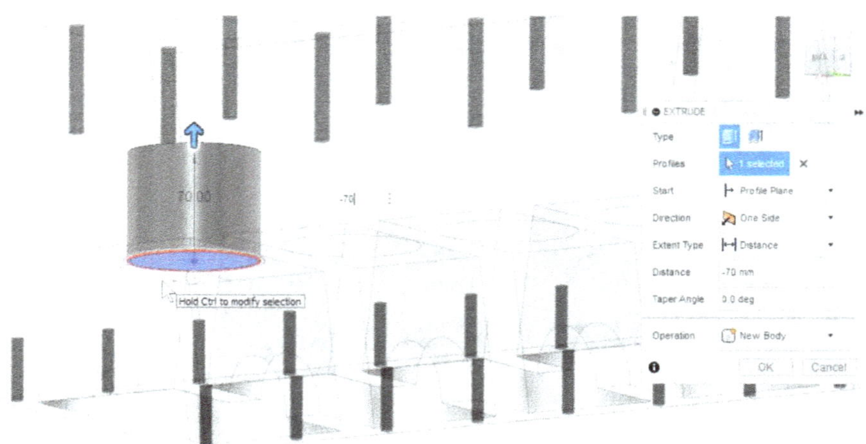

Figura 149: Zona ya extruida para el pistón (70 mm de extrusión)

En el siguiente paso ahuecamos el matraz y le damos un grosor de pared de 5 mm ("Shell").

A continuación, iniciamos un croquis en el plano y-z del pistón para hacer un recorte para el bulón del pistón, que posteriormente conecta el pistón y la biela. Elegimos, por ejemplo, un diámetro de 30 mm y dimensionamos el círculo con 35 mm hasta el borde inferior para que quede centrado. También enlazamos el punto central con un enlace horizontal al punto central del borde del pistón.

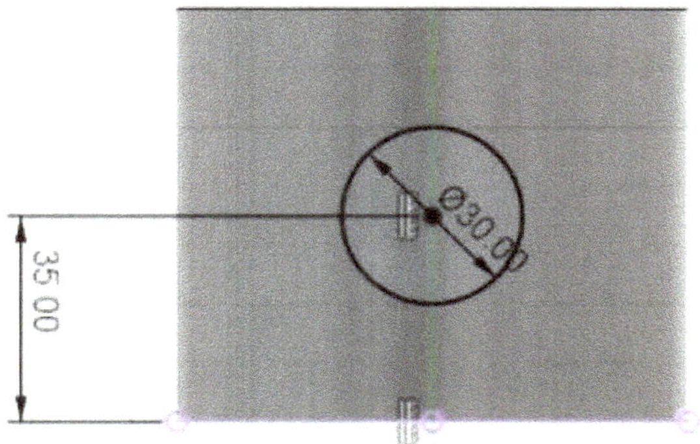

Figura 150: Esquema del recorte para el bulón del pistón en el plano y-z del pistón.
El pistón fue simplemente movido un poco en el espacio 3D de antemano para que sea más fácil de dibujar

A continuación, extruimos el recorte en modo 3D y creamos una abertura. Por último, redondeamos los bordes superior e inferior del matraz con 2 mm.

Figura 151: La petaca terminada y ahuecada con el recorte y los filetes

Los anillos del pistón y otros detalles no se incluyen por razones de complejidad y tiempo.

Seguiremos primero con la biela y el bulón del pistón, ya que más tarde nos limitaremos a copiar varias veces los componentes necesarios para los demás cilindros, ya que son idénticos.

Para la biela volvemos a crear un nuevo componente. A continuación, esbozamos el siguiente perfil transversal de la biela en el plano y-z de este nuevo componente.

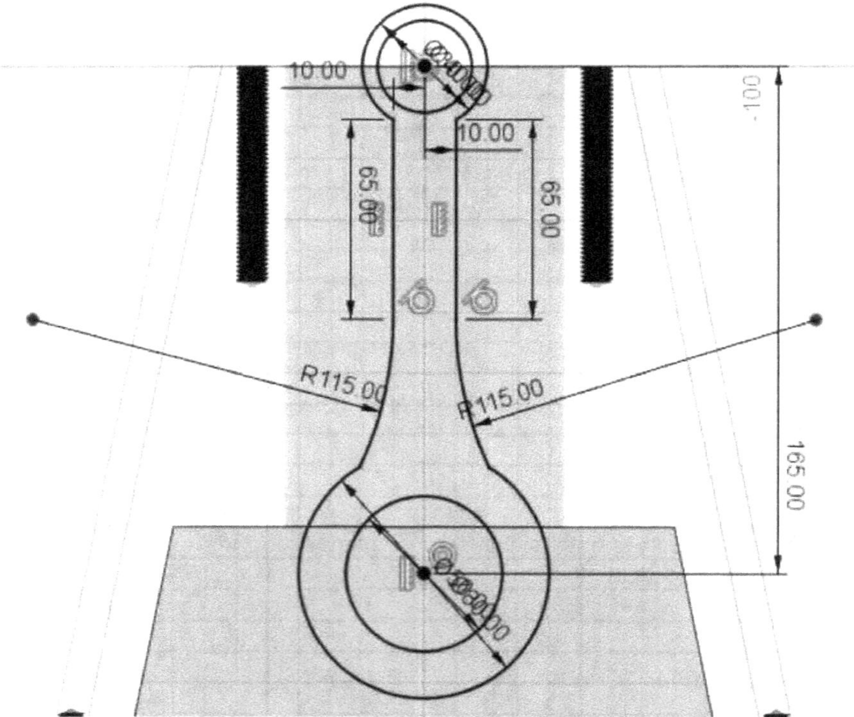

Figura 152: La geometría de la biela; a continuación se detallan los pasos y otras dimensiones

Comenzamos con los dos "ojos". El ojo de la biela superior debe tener un diámetro de 30 mm en el interior y 40 mm en el exterior.

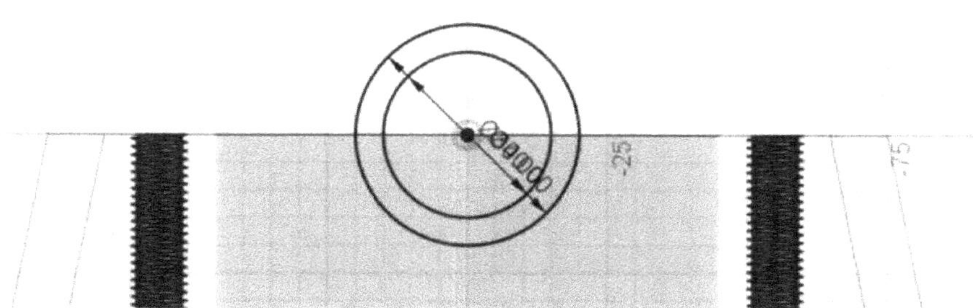

Figura 153: El ojo de la biela superior está formado por dos círculos congruentes (30 mm y 40 mm). El punto de partida debe ser el origen de coordenadas

El ojo de biela inferior 50 mm en el interior y 80 mm en el exterior. A continuación, colocamos los dos centros en posición vertical entre sí y dimensionamos la distancia como 165 mm.

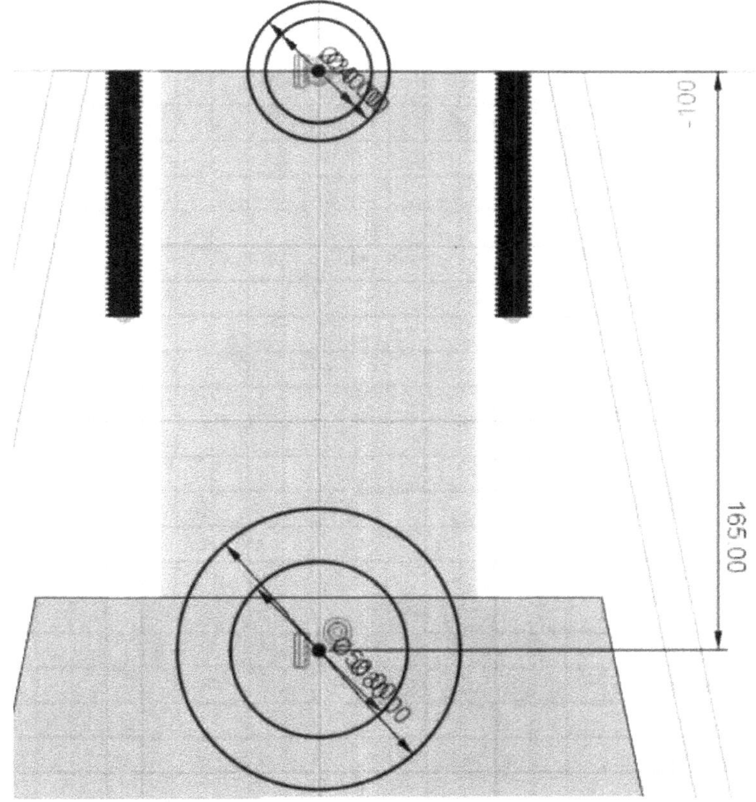

Figura 154: El ojo de biela inferior también está formado por dos círculos congruentes (50 mm y 80 mm). La distancia al origen de coordenadas debe ser de 165 mm

A continuación, trazamos dos líneas verticales de 65 mm de longitud, cada una de las cuales debe tener una distancia horizontal de 10 mm desde el centro del ojo de la biela superior.

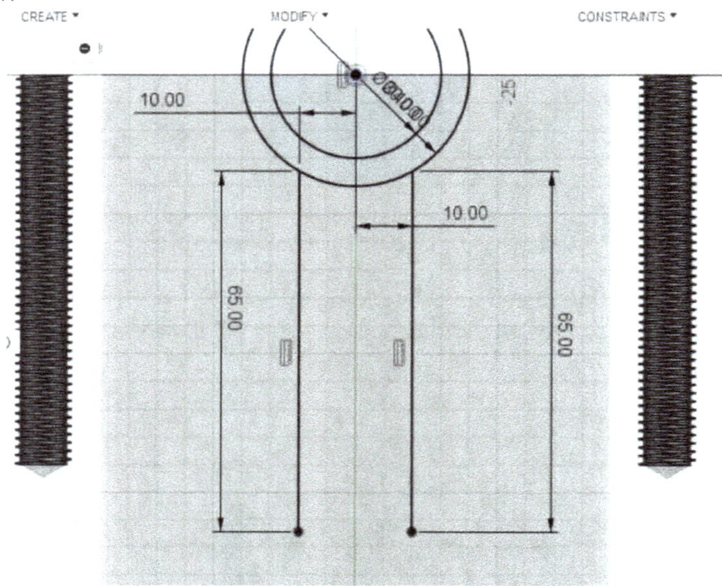

Figura 155: Dos líneas verticales, cada una de 65 mm de longitud, para el eje de la biela

Completamos el perfil con dos curvas tangenciales, cada una de las cuales debe tener un radio de R=115 mm.

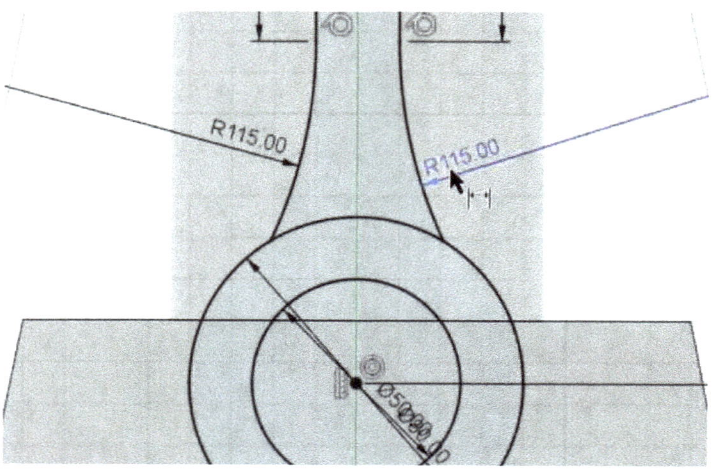

Figura 156: Dibuje dos arcos tangenciales (puntos inicial y final en las líneas verticales y el círculo de 80 mm respectivamente) y acote cada uno con 115 mm.

Por último, utilizamos la función "Trim" y eliminamos las líneas sobrantes.

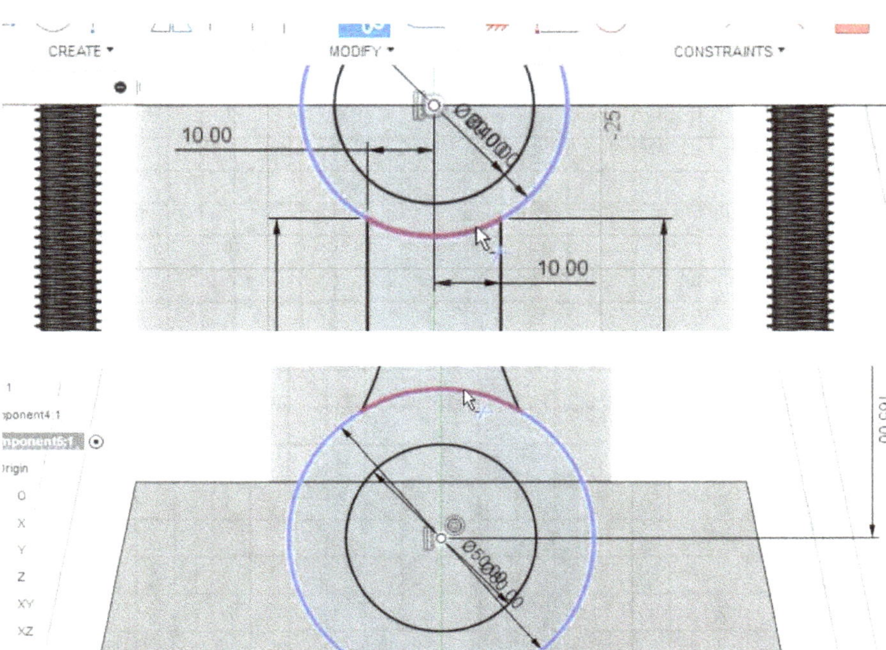

Figura 157: Elimine las dos líneas sobrantes (rojas) con la herramienta "Trim"

Una vez hecho esto, podemos terminar el boceto y extrudir la biela 20 mm. Para que las transiciones no sean demasiado extremas, podemos redondear la transición en la parte inferior y superior con 20 mm en la zona de la biela.

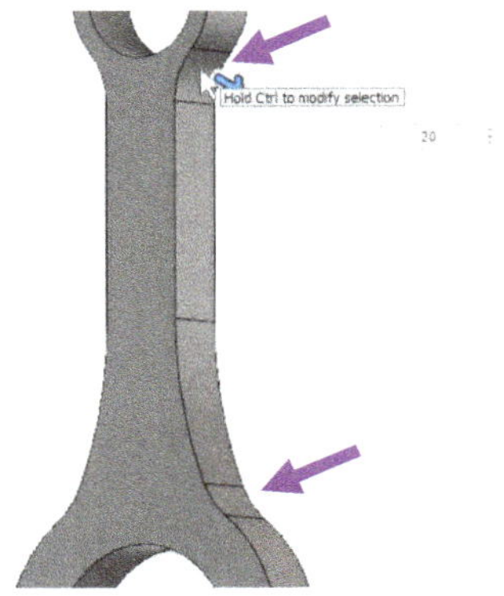

Figura 158: Redondeo de los bordes de las transiciones en la parte superior e inferior con 20 mm (ya hecho)

Redondee también los bordes de las dos superficies con 1 mm cada una. En este caso, la biela también es un modelo muy simplificado.

Normalmente, está dividida en dos partes en la zona inferior, la geometría es más intencionada y también están los llamados casquillos de cojinete de biela que se asentarían en el ojo inferior.

Entonces, dibujemos primero el bulón del pistón antes de unir la biela al pistón. Para ello, volvemos a crear un nuevo componente y dibujamos un círculo de 30 mm de diámetro en su plano y-z, que luego extruimos 77,5 mm simétricamente y ahuecamos hasta conseguir un grosor de pared de 3 mm.

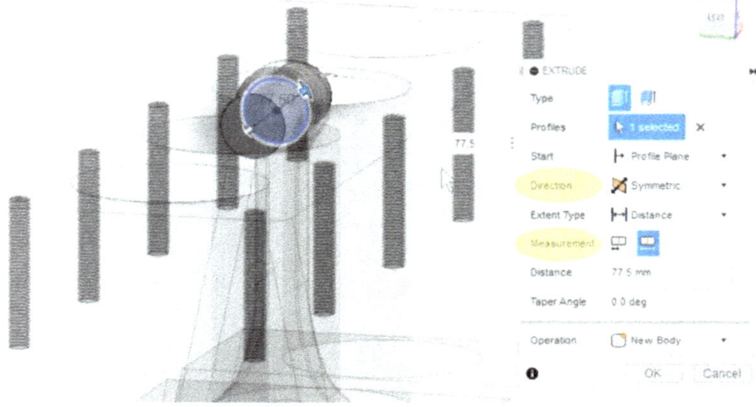

Figura 160: Extruir simétricamente el bulón del pistón 77,5 mm (Medida: "Whole Length")

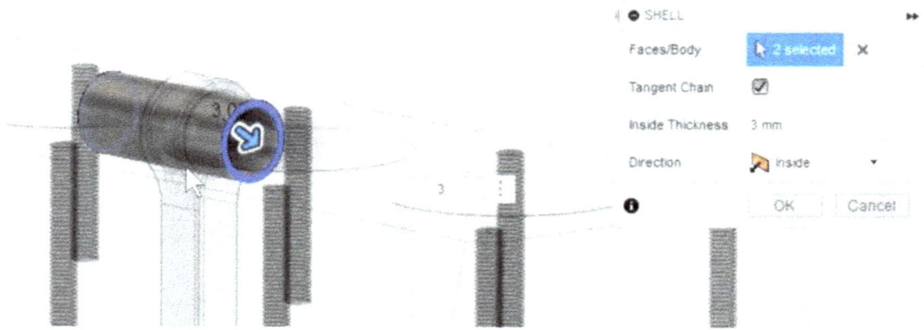

Figura 161: Ahuecar el bulón del pistón (seleccionar ambos lados e introducir 3 mm)

A continuación, montamos primero la biela en el bulón del pistón seleccionando los siguientes puntos como orígenes de la articulación y seleccionando el tipo de articulación "Revolute" (active primero el comando "Joint").

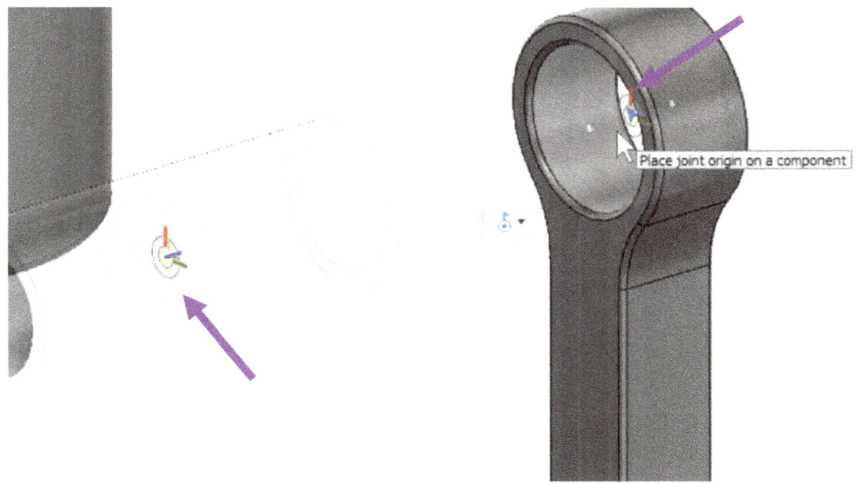

Figura 162: Al seleccionar los orígenes de las juntas, asegúrese de seleccionar la superficie central y de que la orientación se corresponde con la ilustración

Figura 163: Junta ya creada; utilice el tipo de junta "Revolute"

Y luego montamos el paquete de bulón y biela en el pistón, utilizando un origen de junta lateral en el bulón y en el centro de la abertura del bulón en el pistón. Aquí se necesita un poco de paciencia hasta que se seleccionen o se encuentren los dos orígenes de unión correctos. Preste especial atención a la correcta alineación de los ejes en los puntos de giro.

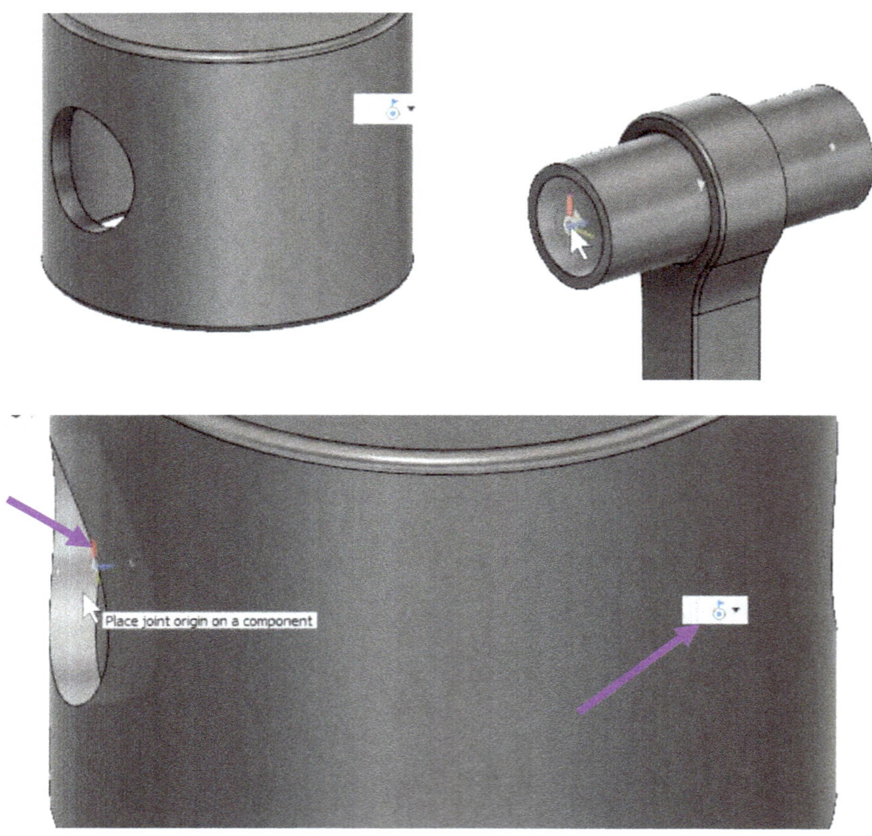

Figura 164: Colocación de los dos orígenes de la junta; en la parte superior en el centro de las flautas laterales del bulón del pistón y en la parte inferior en el centro del orificio del pistón

En el penúltimo paso de esta lección, copiamos tres veces más el grupo ya enlazado de pistón, biela y bulón. Para ello, seleccionamos los tres componentes en el árbol de estructura después de nombrarlos y los copiamos con CTRL-C. Los pegamos en el entorno de diseño con CTRL-V. Con CTRL-V los pegamos en el entorno de diseño. Hacemos clic en la ventana que se abre. Los componentes se insertan ahora de forma congruente, es decir, primero debemos sacarlos a la luz simplemente desplazando los componentes antiguos.

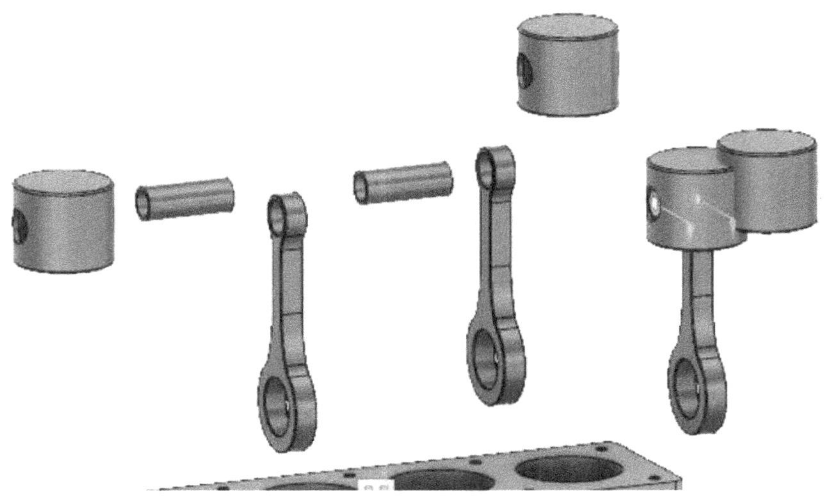

Figura 165: Los nuevos componentes aún no ordenados y vinculados para los otros tres cilindros

Después de clasificar los componentes, cree en los componentes copiados las mismas conexiones que en el primer conjunto de pistones, bielas y bulones.

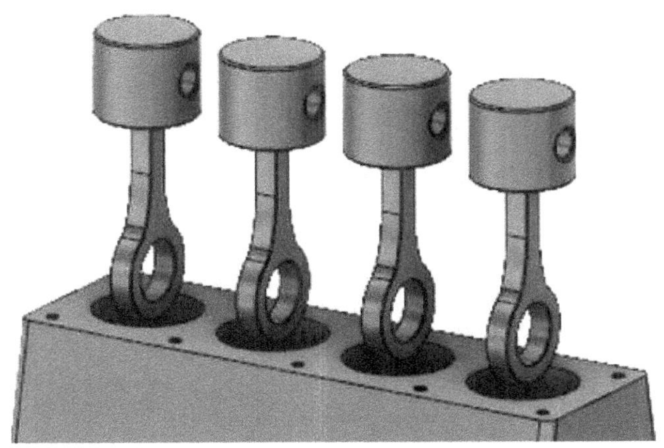

Figura 166: Pistón, biela y bulón del pistón unidos y ordenados

En el último paso de este capítulo, enlazamos los pistones en el cilindro para que sólo puedan realizar un movimiento lineal en el mismo. Por ejemplo, elegimos el centro de la superficie superior del pistón y el centro del cilindro como origen de la junta y el tipo de junta "Slider".

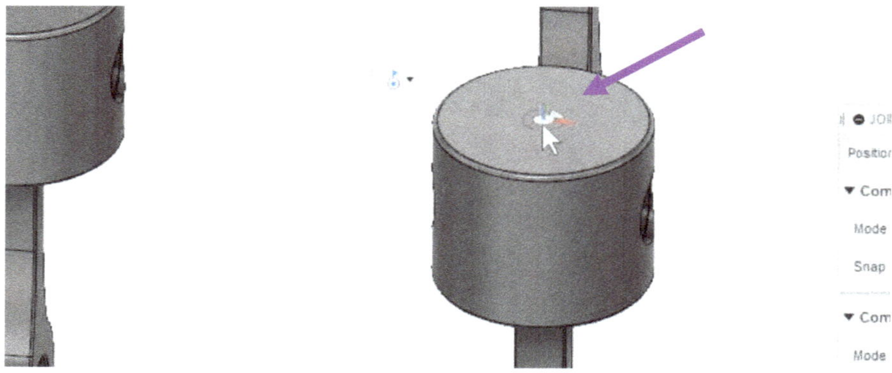

Figura 167: Coloque el origen de la junta 1 en el pistón (en el centro de la superficie superior)

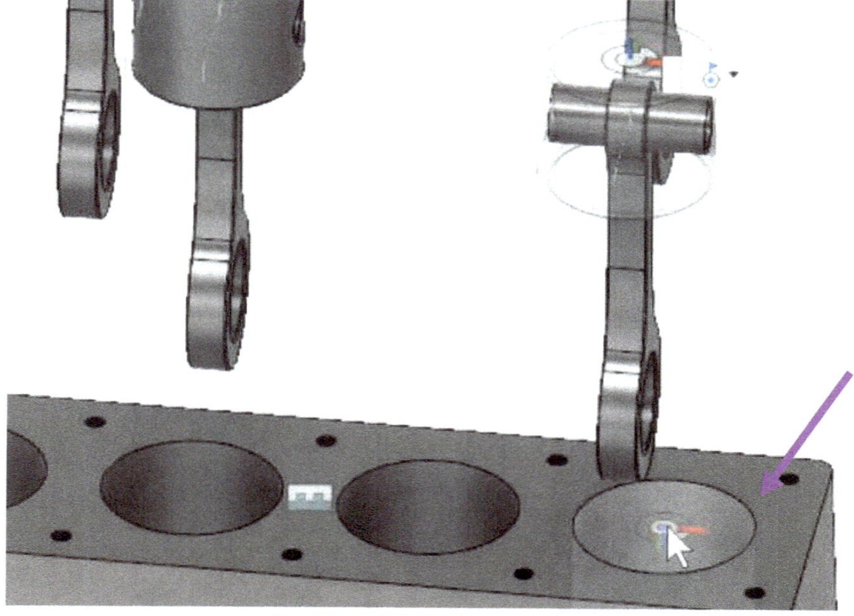

Figura 168: Coloque el origen de la junta 2 en el cárter centrado en la superficie superior del cilindro

Procedemos de la misma manera con los otros tres pistones. Haciendo clic en la articulación y en "Edit Joint Limits", ahora también podemos establecer un máximo y un mínimo para el rango de movimiento, es decir, los límites dentro de los cuales el pistón puede moverse. Sin embargo, como de todas formas esto está determinado por la conexión con el cigüeñal y la biela, no lo necesitamos aquí.

Poco a poco, hay algunas articulaciones cuya visualización puede ser un poco molesta, así que de momento las oculto y sólo las vuelvo a mostrar cuando las necesito.

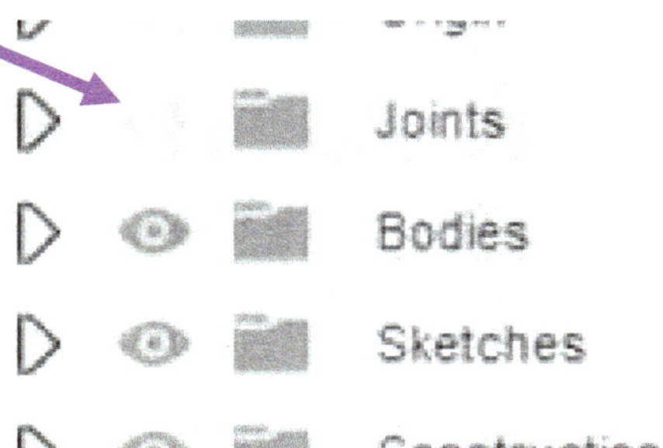

Figura 169: Ocultar/mostrar juntas en el árbol de la estructura con un clic en el símbolo del ojo

Ahora ya casi hemos terminado con nuestro modelo de motor de 4 cilindros muy sencillo. En la próxima lección dibujaremos el cigüeñal. ¡Vamos!

4.4.3 Parte 3: Cigüeñal

Figura 170: El modelo de nuestro cigüeñal debería tener este aspecto cuando esté terminado

Antes de comenzar con el cigüeñal en esta lección, primero ocultamos todos los componentes que no son necesarios, de modo que sólo quede el alojamiento del cigüeñal. A continuación, iniciamos un nuevo componente para el cigüeñal.

Por supuesto, volveremos a proceder de forma algo simplificada. Iniciamos un nuevo croquis en la vista lateral en el plano y-z del nuevo componente. A continuación, dibujamos el primer cojinete principal del cigüeñal o su muñón del eje con un círculo simple de 65 mm de diámetro y establecemos una condición concéntrica.

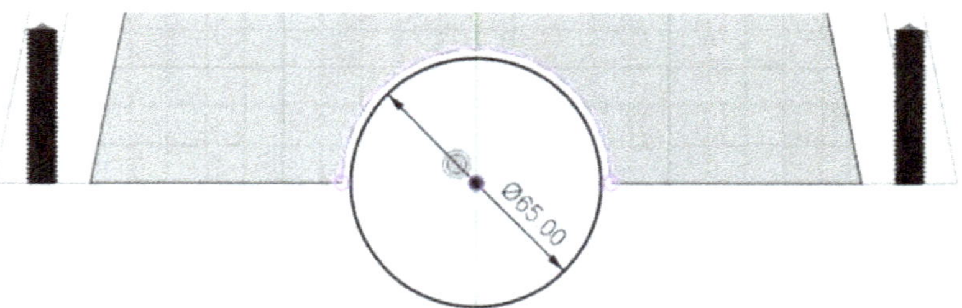

Figura 172: El comienzo de nuestro nuevo componente

En el modo 3D extruimos esta superficie circular y seleccionamos una distancia de 20 mm en una dirección y confirmamos con "Ok".

Como nuestro cigüeñal va a ser simétrico, dibujaremos por el momento sólo una mitad del mismo y más tarde simplemente lo reflejaremos en el plano y-z. Ahora construimos el cigüeñal sección por sección utilizando la extrusión. También le invitamos a considerar cómo podría construir el cigüeñal con la función "Revolve", es decir, como una pieza rotativa, y si esto es posible en absoluto.

Comenzamos un boceto para la siguiente sección, la primera mejilla del cigüeñal, en el gorrón del eje creado anteriormente. Para ello creamos dos círculos, uno con un diámetro de 70 mm y otro con un diámetro de 160 mm a una distancia de 45 mm uno del otro incluyendo una condición vertical entre sus dos centros. El centro del círculo superior también debe estar a 40 mm en vertical del centro del gorrón del eje y asentarse en línea con él, es decir, estar conectado verticalmente.

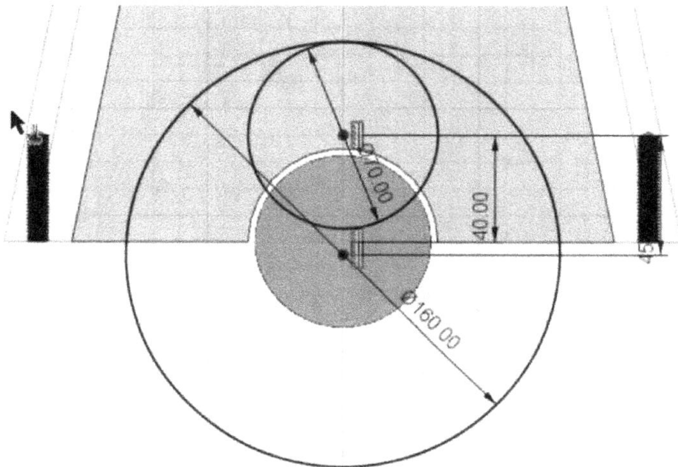

Figura 173: Dos círculos (70 y 160 mm) a una distancia de 40 mm entre sí. El círculo superior tiene una distancia de 45 mm al origen de coordenadas. Las dependencias verticales están presentes.

A continuación, trazamos dos líneas de conexión y las acotamos verticalmente con una longitud de 60 mm y una cota media paralela de 30 mm al centro superior del círculo.

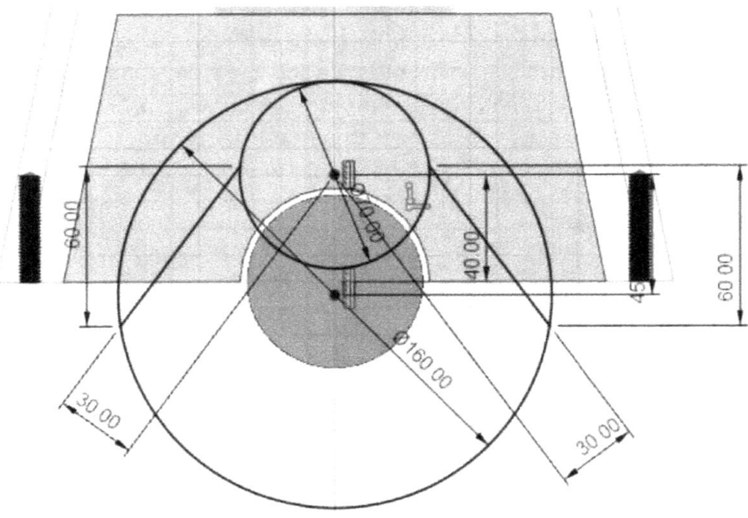

Figura 174: Dos líneas de conexión (dimensión vertical de 60 mm, dimensión paralela de 30 mm)

En el último paso utilizamos la función "Trim" para cortar todas las líneas y secciones superfluas.

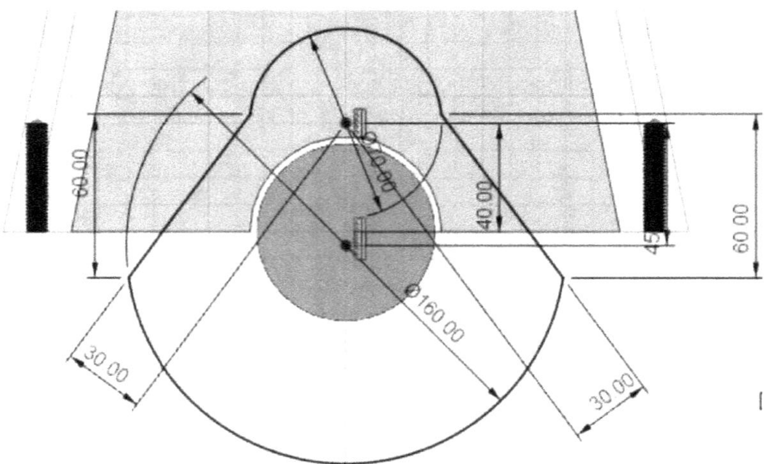

Figura 175: los arcos superfluos ya han sido eliminados con la herramienta "Trim"

A continuación, extruimos esta mejilla 22 mm. En el siguiente paso, dibujamos el gorrón del eje para la biela en esta mejilla. Para ello dibujamos un círculo de 50 mm que debe asentarse concéntricamente a la curva superior de la mejilla del cigüeñal. Necesitamos una dimensión de 16 mm para la extrusión.

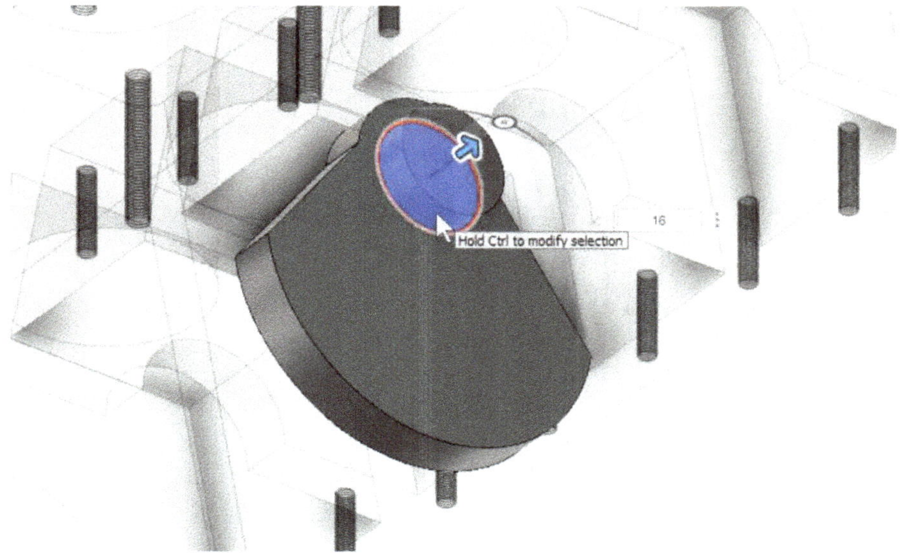

Figura 176: El gorrón del eje para la biela en el cigüeñal mejilla 16 mm extruida

Si quisiéramos tomar una ruta más complicada, ahora podríamos dibujar mejilla por mejilla y gajo de eje por gajo de eje uno encima del otro como un boceto 2D y extruirlos, tal y como hemos hecho hasta ahora. Pero es mucho más fácil utilizar sólo esta mitad para la primera biela. Este cuerpo representa 1/8 de todo el cigüeñal.

Figura 177: El primer 1/8 de todo el cigüeñal está terminado y luego reflejado

A continuación utilizaremos hábilmente la función espejo para ahorrarnos trabajo. Así, para la segunda mejilla del cigüeñal y las secciones adyacentes del gorrón del eje, simplemente reflejamos el primer cuerpo seleccionándolo.

En la ventana de opciones, deberá seleccionar "Bodies" como "Type" y elegir la superficie lateral del semieje de la biela como "Mirror Plane".

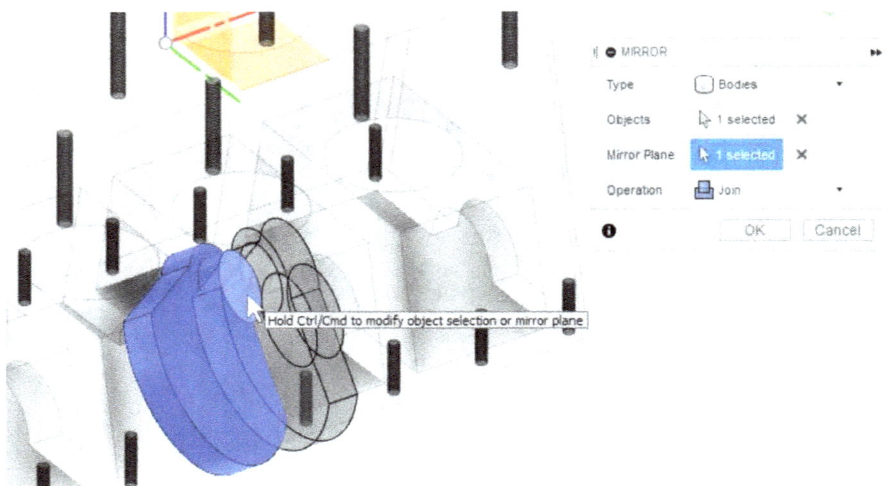

Figura 178: Espejo del primer 1/8 del cigüeñal, en "Type": seleccione "Bodies", el plano de espejo debe ser el gorrón del eje (ver puntero del ratón)

En "Operation" en las "Options" podemos dejar "Join" para este paso, ya que sólo queremos obtener un cuerpo y la mejilla ya está correctamente alineada. El segundo octavo del cigüeñal está terminado. Para los siguientes 2/8 reflejamos la pieza del cigüeñal creada anteriormente en este paso. Seleccione el cuerpo, elija "Mirror Plane", en este caso el lado del gorrón del eje que descansa en el cárter.

Sin embargo, ahora tenemos que hacer un pequeño cambio en "Operation", ya que queremos crear un nuevo cuerpo por el momento, así que seleccione "New Body".

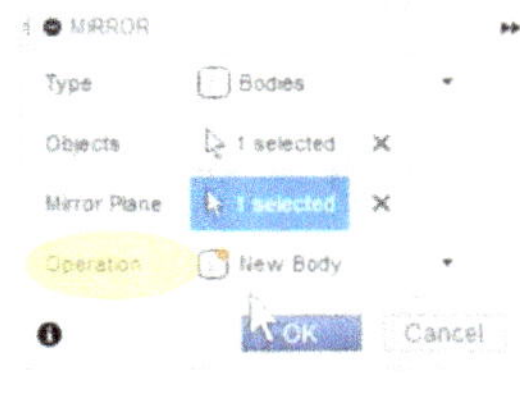

Figura 179: Creación del segundo cuarto del cigüeñal; en "Operation": seleccione "New Body"

¿Por qué un nuevo cuerpo? Porque, como podemos ver ahora, este cuarto del cigüeñal todavía tiene que girar 180 grados alrededor -en este caso- del eje x para que esté en oposición al otro cuarto. De lo contrario, todos los pistones funcionarían de la misma manera, pero sólo dos de los cuatro pistones deben estar siempre en la misma posición. Por eso creamos el nuevo cuerpo, porque de otro modo no podríamos girar este cuarto del eje independientemente del otro. Para la rotación simplemente utilizamos el comando "Move/Copy" del menú "Modify". Entonces simplemente tenemos que seleccionar un origen para el movimiento o en nuestro caso la rotación. Para ello, ocultamos el primer cuerpo del cigüeñal para poder seleccionar mejor el centro del muñón del eje del segundo cuerpo como origen. Necesitamos el centro del gorrón del eje del cojinete principal.

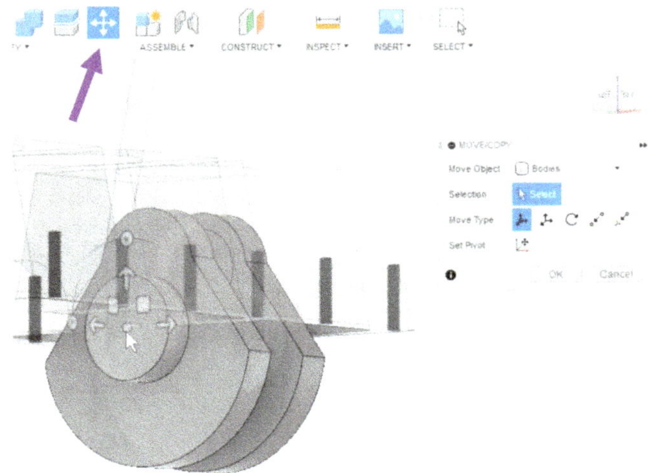

Figura 180: Selección del centro del cojinete principal del segundo cuarto del cigüeñal
(ver puntero del ratón; el primer cuarto del cigüeñal está oculto)

Ahora podemos mover el cuerpo utilizando las flechas o, en nuestro caso, girarlo alrededor del eje derecho utilizando el pequeño mando. Necesitamos 180 grados, así que media vuelta. Confirme con "OK". Vemos que los muñones del eje para las bielas están ahora en la posición correcta.

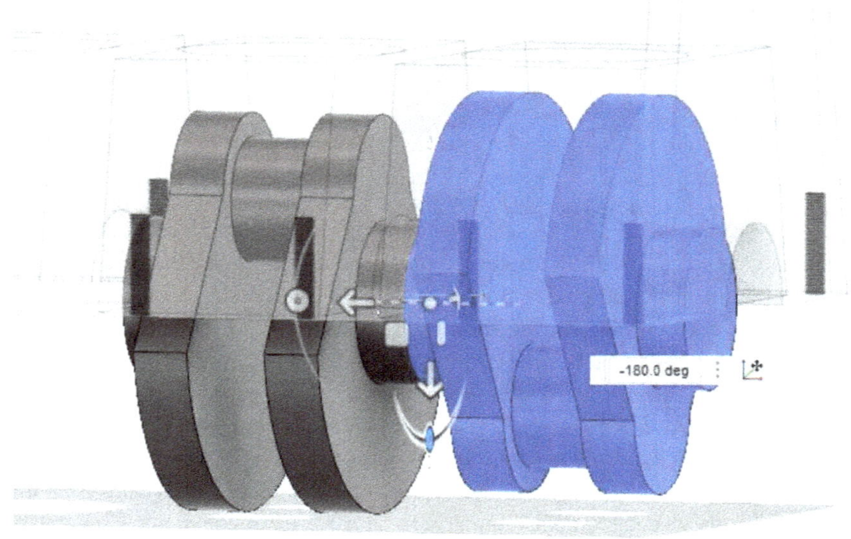

Figura 181: Rotación del segundo cuarto del cigüeñal alrededor del eje z en -180 °.

Antes de continuar, ampliamos el gorrón del eje del cigüeñal, que es un poco corto debido al reflejo. Esto puede hacerse fácilmente sin un boceto en 2D utilizando "Extrude" o "Press Pull". Simplemente seleccione el comando, seleccione la superficie y tire de la flecha, por ejemplo, 30 mm de longitud.

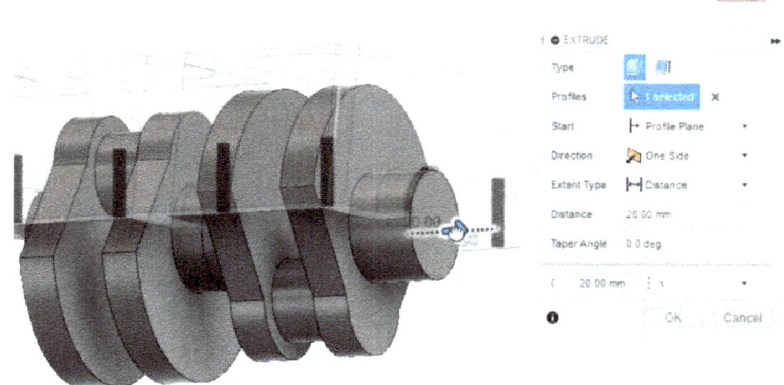

Figura 182: Prolongue 30 mm el cojinete principal exterior del medio cigüeñal

Ahora queremos volver a unir las dos partes existentes del ahora medio cigüeñal para reunir los dos cuerpos. Para ello utilizamos la función "Combine" del menú "Modify". Seleccione cuerpo y mando, en las opciones de "Operation", seleccione "Join" y pulse "OK".

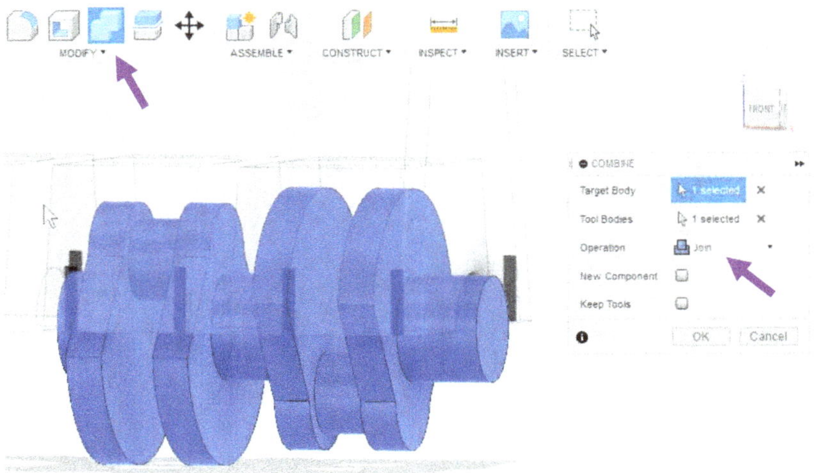

Figura 183: Reunir los dos segmentos del cigüeñal con "Combine"

Este enfoque ya nos ha ahorrado bastante trabajo. Para continuar con la velocidad exponencial, doblamos nuestro cigüeñal a medio terminar una última vez. Esta vez podemos volver a dejar "Join" en lugar de "New Body" como tipo de conexión, ya que la alineación es correcta. Con un clic, el cigüeñal está por fin casi terminado.

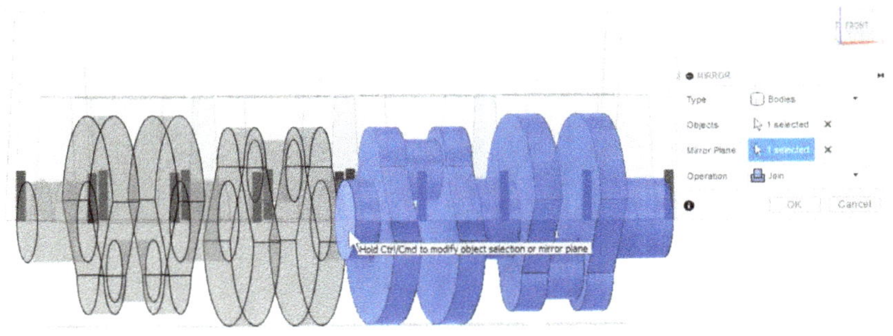

Figura 184: Creación de la segunda mitad del cigüeñal mediante el "reflejo" en el cojinete principal central

¿Qué falta todavía? En primer lugar, unos filetes, que nos gustaría hacer de la siguiente manera: 10 mm en los bordes de las transiciones en las zonas inferiores de los largueros y 5 mm en los bordes de las transiciones en las zonas superiores. También podríamos haber integrado estos filetes en el boceto de los largueros.

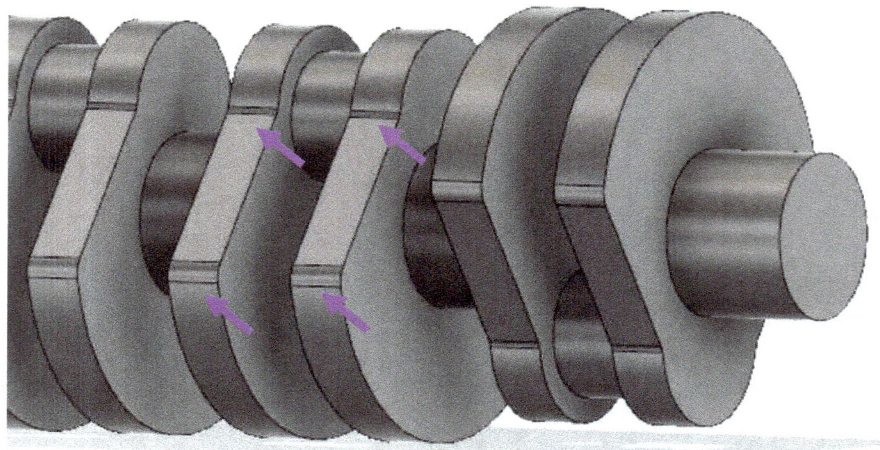

Figura 185: Redondeo de bordes con 10 mm y 5 mm, o a su discreción

Y luego filetes de 3 mm para los bordes en las caras laterales de los largueros y los muñones del eje. Para ello, basta con seleccionar todas las caras laterales.

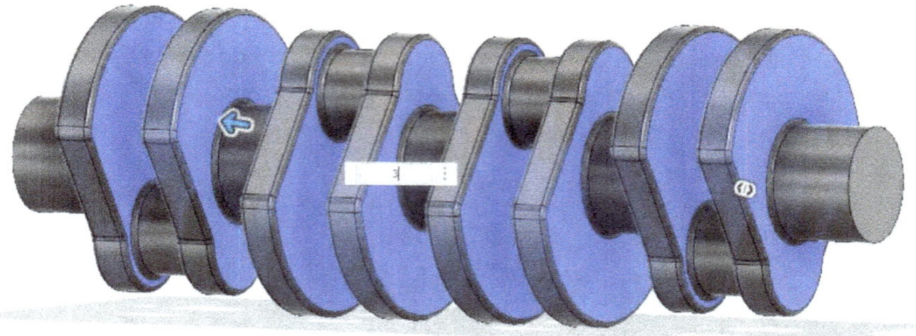

Figura 186: filetes de 3 mm para los bordes de las caras laterales (ya creados aquí)

Además, todavía falta la unión con el cárter del cigüeñal. Para ello, simplemente seleccionamos el origen de la junta, por ejemplo centrado en el gorrón del eje con el que empezamos, y seleccionamos el segundo origen de la junta, centrado en el cojinete principal del alojamiento del cigüeñal. Seleccionamos "Revolute" como tipo de articulación. Perfecto, por fin están listos todos los componentes de nuestro modelo de motor muy simplificado.

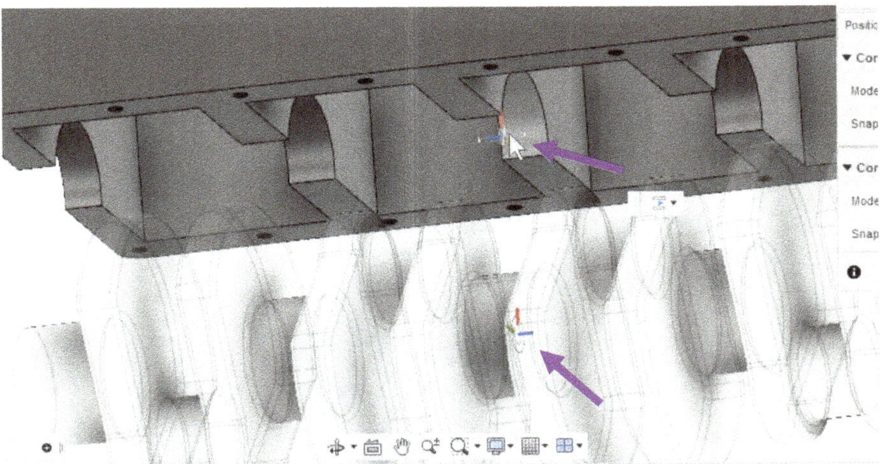

Figura 187: Los orígenes de la unión entre el cigüeñal y el cárter

Al final del capítulo, nos gustaría, por supuesto, unir todas las bielas al cigüeñal y dejar que nuestro motor funcione virtualmente. ¡Rápido final!

Por el momento, sólo mostraremos las bielas de los distintos cilindros una tras otra y las uniremos al cigüeñal para mejorar la claridad. Antes de hacerlo, ocultamos el cárter.

La creación de enlaces o juntas es de nuevo relativamente poco espectacular. Centre el primer origen de la junta en el ojo inferior de la biela y centre el segundo origen en el muñón del eje del cigüeñal.

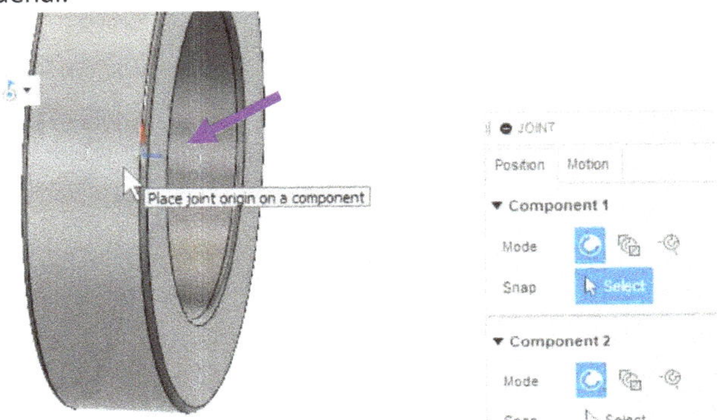

Figura 188: El primer origen de la articulación debe estar en el ojo inferior de una biela (centro).

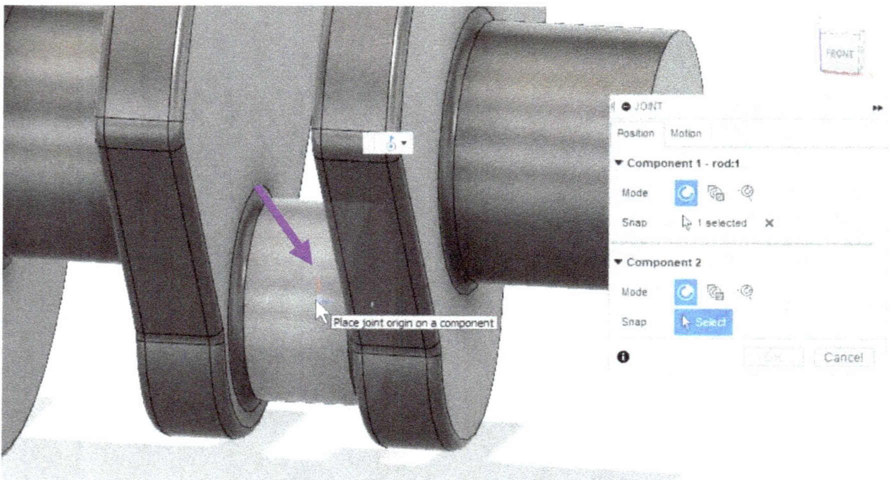

Figura 189: El segundo origen de la junta debe estar centrado en el respectivo cojinete principal del cigüeñal.

El tipo de junta en este caso es "Cylindrical". Entonces aparece una advertencia porque hemos seleccionado el tipo de articulación "Revolute" para el pistón y, por tanto, no será posible un movimiento lateral. Sin embargo, no lo necesitamos en este caso y, por lo tanto, se puede ignorar. Sin embargo, en la realidad es necesario un ligero juego. Pero no tanto juego lateral como el que tendríamos en nuestro modelo, sino sólo en el rango de la décima de milímetro. Procedemos de forma análoga para las otras bielas. Cuando todo esté enlazado, podemos mostrar primero todas las partes y hacer transparente el cárter con un clic derecho sobre su cuerpo y la selección de "Opacity Control", según el gusto, por ejemplo con un 30 %.

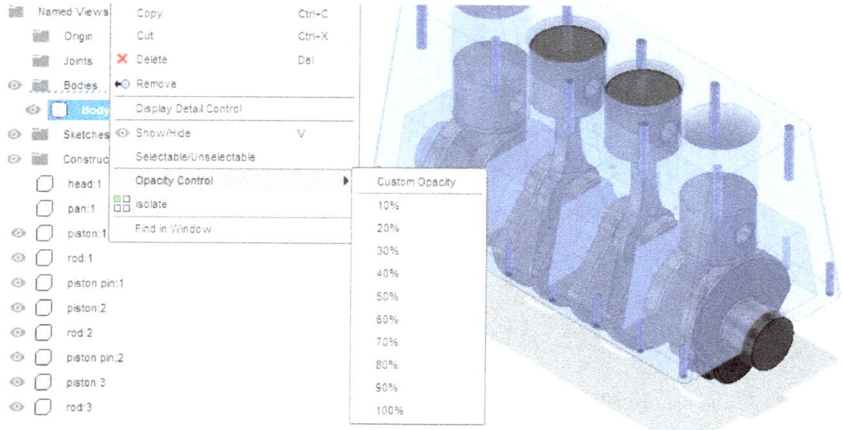

Figura 190: Hacer transparente el cárter

Para concluir el capítulo, ahora queremos hacer funcionar nuestro motor virtualmente. Si hemos colocado correctamente todas las juntas, esto no debería ser un problema. Para ello, buscamos la unión del cigüeñal con el cárter y hacemos clic con el botón derecho del ratón sobre ella.

Seleccionamos "Animate model" y, abróchese el cinturón por favor, ¡el motor está en marcha! Respeto, si ha llegado hasta aquí, ¡puede estar realmente orgulloso de sí mismo! Por cierto, puede terminar la animación de la junta simplemente pulsando la tecla "ESC".

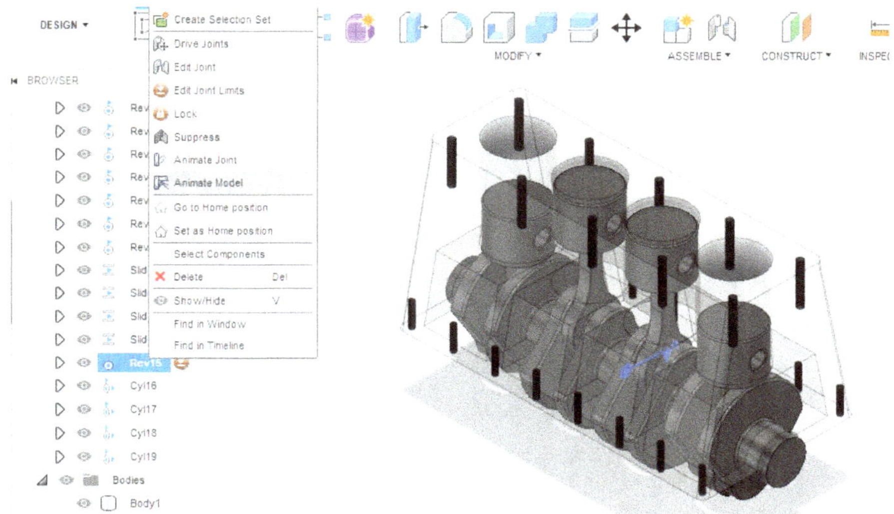

Figura 191: Animación de la articulación del cigüeñal: Haga clic con el botón derecho del ratón en la articulación -> "Animate Model"

Antes de pasar a las siguientes secciones de Fusion 360, veremos primero las pestañas del menú "Surface" y "Sheet Metals" de la sección "Design" en los siguientes capítulos.

5 Las pestañas: "Surface" y "Sheet Metal"

5.1 "Surface"

En los proyectos de construcción, hemos trabajado exclusivamente en la pestaña "Solid". Esta es probablemente la pestaña que necesitará con más frecuencia. En la pestaña "Surface" sólo puede trabajar con superficies. La diferencia con el "Solid" es básicamente sólo el grosor de los elementos de construcción, si se quiere. Sin embargo, se trata más bien de una cuestión de superficies.

En principio, el procedimiento para crear dichas superficies es análogo al de la sección "Solid", es decir, si inicia un boceto 2D en un plano deseado, encontrará en el entorno 2D las mismas herramientas que en la pestaña "Solid".

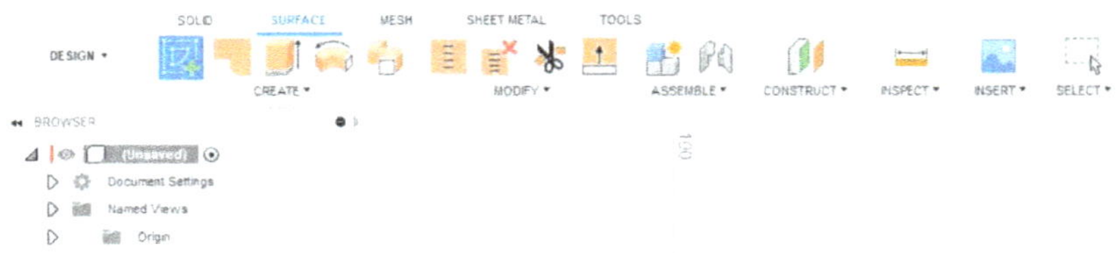

Figura 192: La pestaña "Surface" de la sección "Design" con los comandos y funciones

Si ahora dibuja una línea y un rectángulo, por ejemplo, puede crear una superficie en modo 3D con la función "Extrude", que también es conocida.

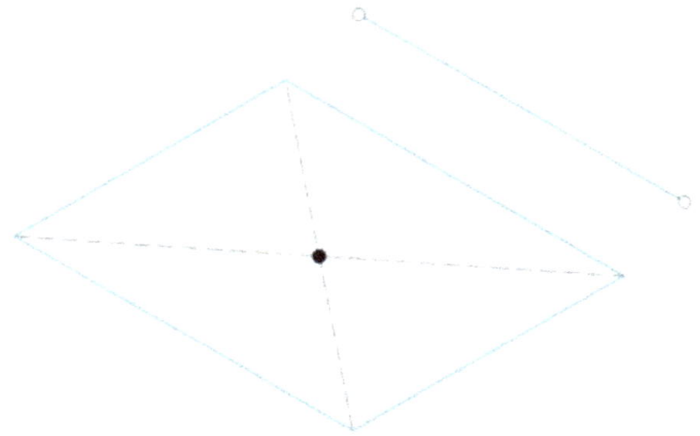

Figura 193: Dibujar superficie y línea (arriba); Crear elementos de superficie 3D con Extrusión

Como puede observar, el elemento no tiene profundidad/grosor porque, como he dicho, es sólo un elemento de área.

En la sección "Create" volverá a encontrar muchas funciones conocidas, así como en la sección "Modify". También hay algunos comandos nuevos aquí y allá, como "Stitch" y "Unstitch".

Con "Stitch" puede transformar muy rápidamente una forma de superficie cerrada en un cuerpo sólido. Por ejemplo, podría modelar una superficie compleja en el área "Surface" y luego transformarla en un cuerpo sólido con el comando "Stitch".

Probemos esto en una superficie esférica. Dibuje la mitad de un círculo en cualquier plano y gírelo 360 grados en el área "Surface" → "Create". Como podemos ver en la vista de sección, ahora sólo hemos creado una superficie esférica.

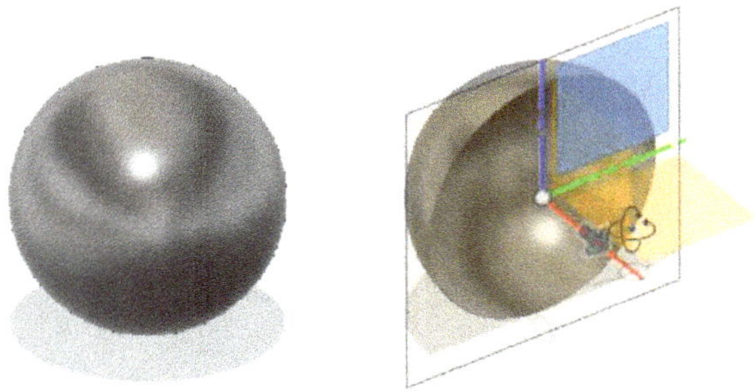

Figura 194: Crear una esfera y mostrar la vista de sección

Sin embargo, podemos transformarlas en un cuerpo sólido con el comando "Stitch" y la selección de la superficie o de todas las superficies para una pieza más compleja.

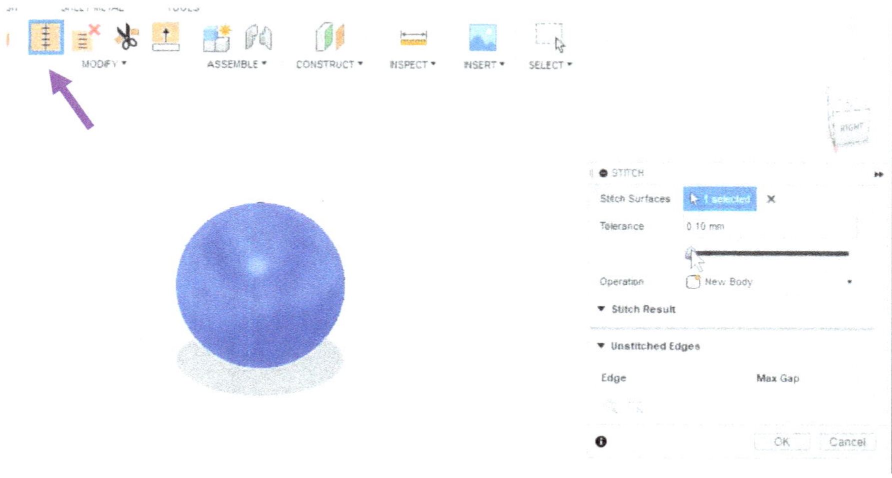

Figura 195: Ejecución del comando "Stitch" para crear un cuerpo sólido

Si activamos de nuevo la vista de sección, lo vemos a través del sombreado, que nos muestra un cuerpo sólido.

Figura 196: El sombreado en la vista de sección nos indica que tenemos un cuerpo sólido

El comando "Unstitch" funcionaría de forma análoga en la aplicación inversa.

Con "Extend" puede, por ejemplo, alargar zonas individuales.

Como personalmente sólo necesito modelar la superficie en muy pocas ocasiones, esta breve introducción debería ser suficiente. Lo único que debe recordar es que la pestaña "Surface" debe utilizarse siempre para las superficies y que puede manejarse de forma relativamente análoga a la pestaña "Solid" en cuanto a funciones y comandos.

Puede utilizar el método de modelado de superficies, por ejemplo, si quiere recrear una forma compleja a partir de superficies, es decir, crear sólo la envoltura de una pieza porque ésta sería difícil de construir como cuerpo sólido, y sólo transformarla en una pieza sólida después.

Esto significa que: "Surface" sólo adquiere un significado para los cuerpos con superficies complejas, ya que entonces se pueden modelar mejor las formas muy complejas con muchos pequeños elementos de superficie individuales.

5.2 "Sheet Metal"

Pasemos ahora a la pestaña "Sheet Metal". Esto es de gran importancia si quiere construir sábanas. Los comandos y funciones de esta pestaña están óptimamente diseñados para ello.

Por supuesto, también podría diseñar con chapa "Solid", pero en un momento verá por qué debería trabajar con "Sheet Metal" para ello. Una primera pista: sobre todo facilita el tratamiento de las curvas, las lengüetas, los desenrollados y otros elementos y características específicas de la chapa.

Si quiere construir un elemento de chapa curvada, como este elemento,

Figura 197: Muestra de la pestaña "Sheet Metal"

En la práctica, es decir, en el taller de artesanía, se necesita una pieza de chapa cortada con una forma básica, que luego se dobla o se mecaniza para darle forma. Esta forma básica, también llamada desdoblamiento, puede crearse fácilmente en Fusion 360 en esta sección si simplemente construye el cuerpo de chapa ya doblado.

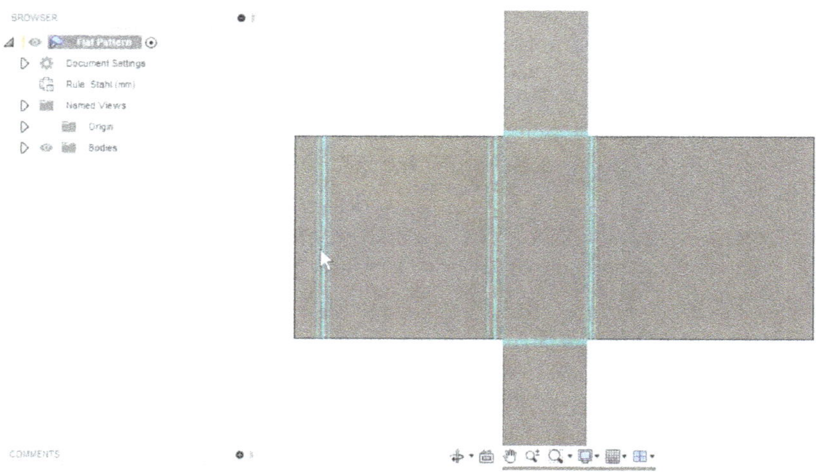

Figura 198: El procesamiento de la muestra anteriormente ilustrada; generada por el programa

Esto significa que usted diseña la carrocería de chapa deseada y terminada y luego simplemente hace que el programa genere el desenrollado, es decir, las dimensiones y geometrías para los documentos de producción.

Veamos esto con el ejemplo mostrado. El procedimiento para la construcción es ahora muy similar, pero todavía un poco diferente, como si estuviera trabajando en la sección "Solid". ¡Vamos!

Para el elemento suelo o base creamos una hoja iniciando un nuevo croquis en un plano. A continuación dibujamos, por ejemplo, un perfil rectangular para nuestro elemento base.

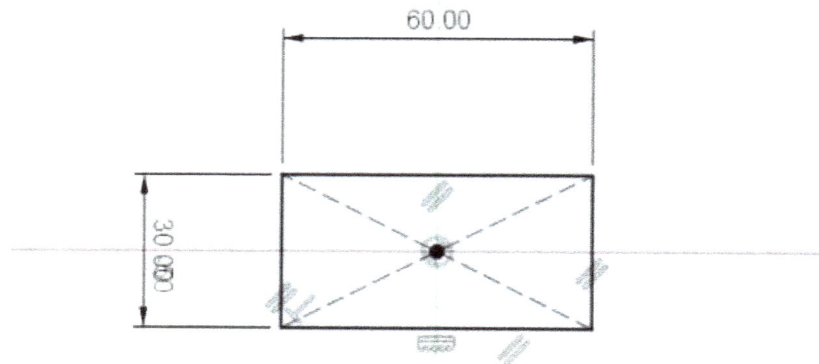

Figura 199: Trazado de un perfil rectangular en un plano de forma habitual (60 mm x 30 mm)

Ahora bien, normalmente utilizaríamos el comando "Extrude" en el modo 3D, pero aquí no lo hacemos. Esta es una de las mayores diferencias en el ámbito de la construcción de chapa. Ahora construimos nuestra carrocería de chapa con el comando "Flange". Para ello, seleccione el comando y el perfil esbozado. Sólo tiene que hacer clic en él, el grosor ya está preseleccionado. Veremos por qué es así y cómo puede cambiar el grosor en un momento.

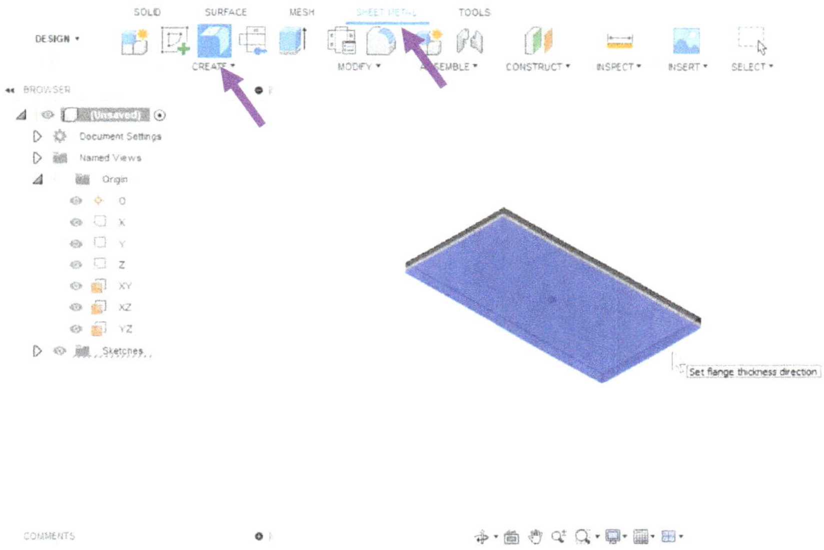

Figura 200: Utilizamos el comando "Flange" y estamos en la pestaña "Sheet Metal".

A la izquierda, en el árbol de la estructura, puede ver que el símbolo ha cambiado a "Sheet Metal" y se ha añadido el elemento "Rule". Contiene el material y todos los parámetros importantes específicos de las construcciones de chapa, como el "factor K" o las condiciones de flexion ("bend conditions"). Si es necesario, puede cambiar a otro material aquí.

Figura 201: Llamada a los parámetros específicos de la hoja en "Rule" en el árbol de estructura

Para editar las "Sheet Metal Rules", busque este elemento en la sección "Modify".

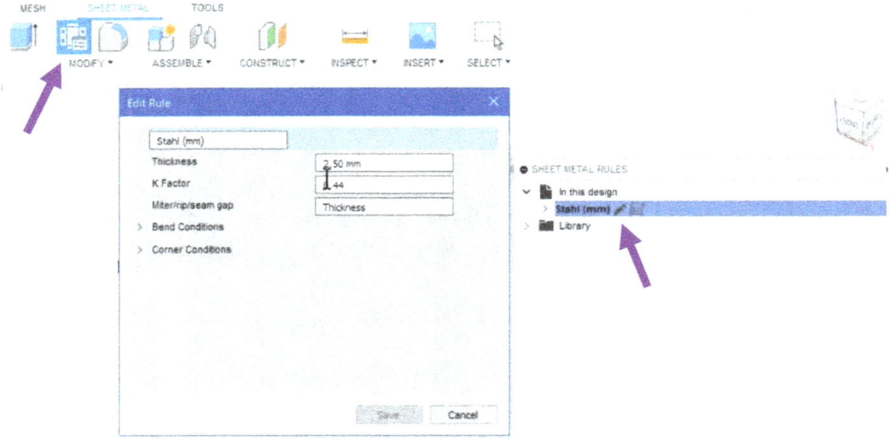

Figura 202: Llamada a las "Sheet Metal Rules" desde la sección "Modify" y cambio de las mismas si es necesario

Ahora puede cambiar todos los valores relevantes con el pequeño símbolo del lápiz, pero se recomienda que sólo ajuste el grosor de la chapa y que pida los parámetros a su proveedor de chapa o los deje con los valores por defecto.

¿Qué pasa después? Para seguir construyendo nuestra carrocería de chapa, volvemos a utilizar el comando "Flange". A continuación, siempre seleccionamos aristas o bocetos. Dado que nuestra hoja es relativamente sencilla, simplemente seleccionamos el borde lateral del elemento básico y lo subimos con la flecha indicada.

Figura 203: Añadir otra brida al ejemplo de muestra

Como puede ver, el programa crea ahora el material inmediatamente con la curvatura correcta. En la ventana de opciones de la derecha puede cambiar todos los parámetros importantes, por ejemplo, el ángulo de curvatura o la posición de curvatura.

Figura 204: Las posibles opciones del comando "Flange"

Construyamos también los otros elementos que faltan en nuestra hoja de ejemplo.

Figura 205: Los elementos que aún faltan de la muestra (ángulos / longitudes libremente seleccionables)

En lugar de las aristas, podemos, como ya hemos mencionado, seleccionar también un perfil esbozado con "Flange" si, por ejemplo, desea colocar un elemento de la longitud deseada. Una línea es suficiente para este propósito.

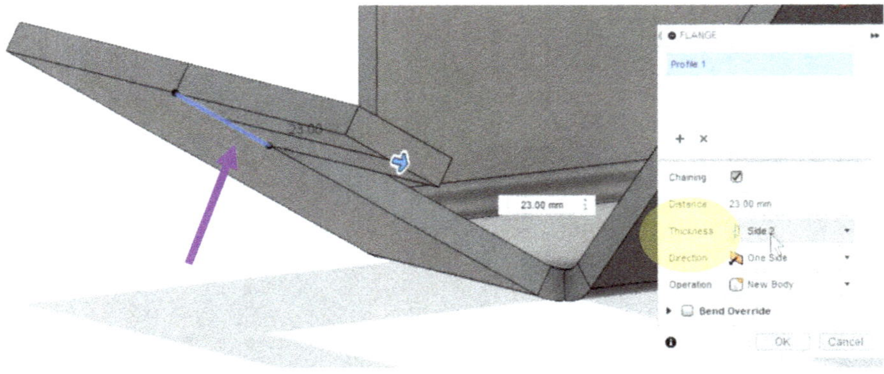

Figura 206: Dibuje una línea en la superficie lateral de una solapa y extrúyala con "Flange"; seleccione el lado correcto (aquí, por ejemplo, el lado 2) para "Thickness".

Por cierto, también puede utilizar comandos coincidentes de las otras secciones, como "Combine" de la pestaña "Solid", para reunir las secciones de la hoja en un solo cuerpo.

El mecanizado posterior, como la creación de un orificio o de chaflanes o el redondeo de los bordes, volvería a proceder como de costumbre.

En el área de "Sheet Metal" hay tres funciones importantes que nos gustaría ver. En primer lugar, el comando "Bend", en segundo lugar el comando "Unfold" y en tercer lugar "Create Flat Pattern".

El comando "Bend" puede utilizarse para crear una curva. Esto es tan sencillo como parece. Por ejemplo, si quiere volver a doblar un elemento de la carrocería de chapa, sólo tiene que dibujar una línea de doblado donde quiera doblar la carrocería en un croquis 2D en la superficie del elemento.

A continuación, seleccione el comando "Bend" (desde "Create" en "Sheet Metal"), primero la superficie a doblar y luego la línea de doblado. Ahora puede doblar la chapa a lo largo de esta línea en la orientación deseada.

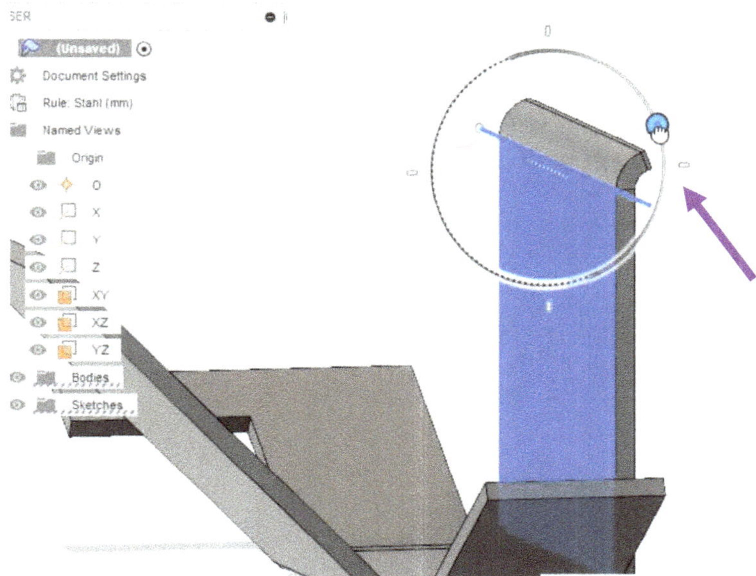

Figura 207: Selección de una línea creada en una superficie en un croquis 2D como línea de doblado mediante el comando "Bend"

Para crear un desdoblamiento de nuestra chapa para los documentos de producción, podemos, por un lado, utilizar el comando "Unfold" de la sección "Modify" (pestaña "Sheet Metal"). Para ello, seleccione primero la sección de la hoja que debe permanecer inmóvil, es decir, qué parte de la hoja debe desplegarse, por ejemplo, ésta.

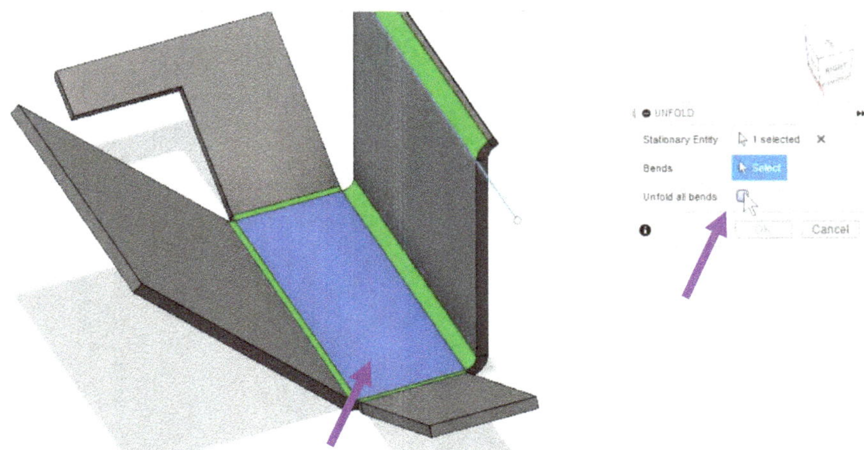

Figura 208: Comando "Unfold"; la parte estacionaria es la zona azul

En la barra de opciones, seleccione "Unfold all bends", por ejemplo, para seleccionar todos los pliegues, o seleccione sólo los pliegues individuales.

Sin embargo, para los documentos de producción propiamente dichos, deberá utilizar el comando "Create Flat Pattern" de la sección "Create".

Para ello, seleccione de nuevo una sección estacionaria y será transferido al espacio de trabajo "Flat Pattern".

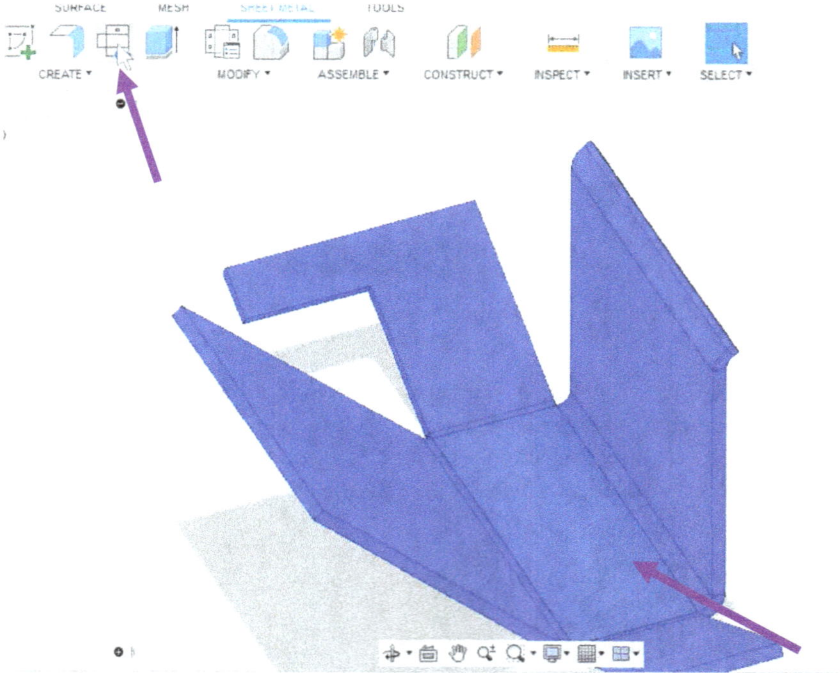

Figura 209: Seleccione el comando "Create Flat Pattern" y defina un área estacionaria (ver flechas).

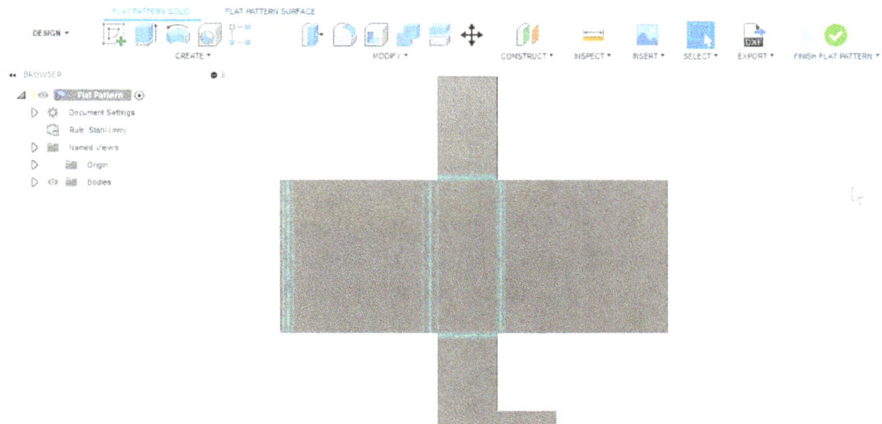

Figura 210: Espacio de trabajo "Flat Pattern" con más opciones de edición

Si todo encaja, haga clic en "Finish" y verá el "desarrollo" generado en el árbol de estructura de la izquierda. A continuación, puede exportar el desarrollo generado para la producción o crear un dibujo técnico a partir de él.

Figura 211: El "Flat Pattern" generado / el desenrollado en el árbol de la estructura

Hasta aquí la sección "Design" y la construcción CAD! Gran trabajo hasta ahora!

Asegúrese de seguir explorando todo el potencial de Fusion 360. En la siguiente sección veremos primero el "Render" y la "Animation" antes de pasar a la "Simulation" y a las demás áreas.

Sección II: Renderización y animación

En esta parte del curso nos ocuparemos de las dos secciones "Render" y "Animation". Necesitará estas dos secciones siempre que quiera presentar piezas individuales o conjuntos ya construidos de forma estática -es decir, en forma de fotos- o dinámica, es decir, en forma de vídeo, para la presentación de un producto, para una página web, para una reunión o simplemente para su círculo de amigos. Es, por así decirlo, un estudio fotográfico y cinematográfico integrado para los objetos construidos.

6 Render

En esta lección comenzamos con el entorno "Render", que puede seleccionar en el menú de la parte superior izquierda. Utilizaremos como objeto uno de nuestros proyectos de construcción, concretamente la taza con asa.

Figura 212: Cambio al espacio de trabajo "Render" en el programa

Como puede ver, el entorno del programa es de nuevo muy idéntico al que ya conocemos. A la izquierda está el árbol de la estructura y en la parte superior está la pestaña "Render" con las funciones o comandos individuales.

La novedad en la zona inferior es la "Rendering Gallery", donde podemos guardar los elementos ya renderizados.

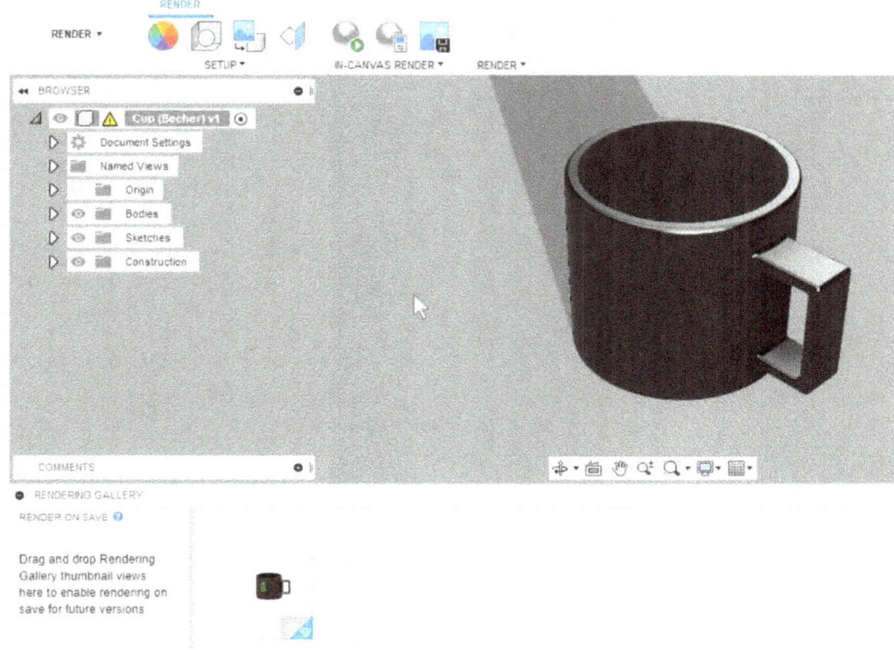

Figura 213: El entorno del programa en el espacio de trabajo "Render"

Por cierto, renderizar aquí significa simplemente que se genera un gráfico o una imagen a partir de la información geométrica del componente CAD. Por supuesto, también puede simplemente hacer una captura de pantalla si tiene prisa. Sin embargo, un gráfico renderizado diferirá significativamente en resolución y realismo, pero también llevará más tiempo crearlo.

Vamos a probarlo todo paso a paso. En primer lugar, por supuesto, puede ocultar todos los elementos que no desee en el árbol de la estructura haciendo clic en los pequeños símbolos de "ojos", pero esto no es necesario en nuestro caso porque sólo tenemos la copa como pieza única. En el segundo paso podemos cambiar la apariencia ("Appearance") de nuestro objeto.

Podemos utilizarlo para transferir el aspecto y la textura de ciertos materiales a todo nuestro objeto de construcción o sólo a superficies individuales. Hay una variedad de materiales disponibles para la selección. Por ejemplo, podríamos simplemente tener la copa representada en bronce por una vez.

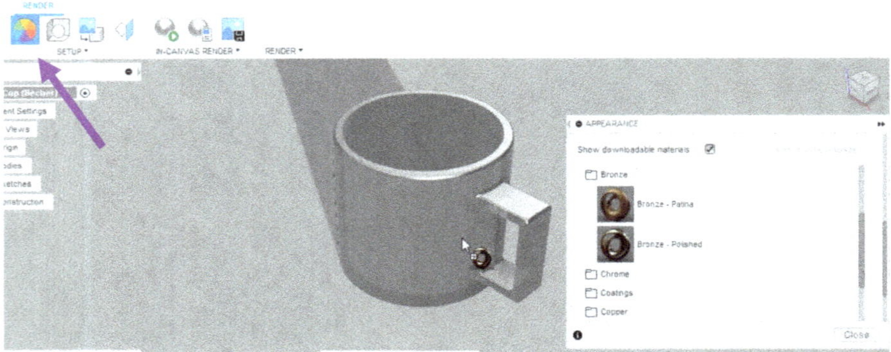

Figura 214: Cambio de la apariencia "Appereance" de nuestro objeto. Seleccione el material deseado y arrástrelo a la taza con el botón del ratón pulsado.

Sólo tiene que seleccionar el material o su apariencia y luego arrastrarlo sobre el cuerpo o la superficie con el botón del ratón pulsado. Perfecto, por cierto, el resultado final sólo es visible cuando todo ha sido renderizado. Con el botón "Scene Settings" podemos entonces editar nuestra escenografía, por así decirlo, es decir, el fondo y el entorno. Aquí puede seleccionar un ajuste predefinido de la "Environment Library", por ejemplo, "Warm Light" y cambiar ajustes específicos como la posición de la sombra o el color del fondo o incluso la perspectiva de la cámara en "Settings". Lo mejor es que pruebe usted mismo muchas configuraciones diferentes para encontrar la que más le convenga.

Figura 215: Cambio de la configuración de la escena (fondo) o "Scene Settings". Seleccione el preajuste deseado o créelo usted mismo y arrástrelo con el botón del ratón pulsado.

Con el comando "Decal", podemos aplicar una imagen, en este caso por ejemplo una etiqueta, a nuestra taza. Sólo tiene que seleccionar una imagen adecuada de su propia colección, seleccionar la superficie en la que debe colocarse y, a continuación, ajustar el tamaño y la posición mediante las opciones o las flechas y los cursores.

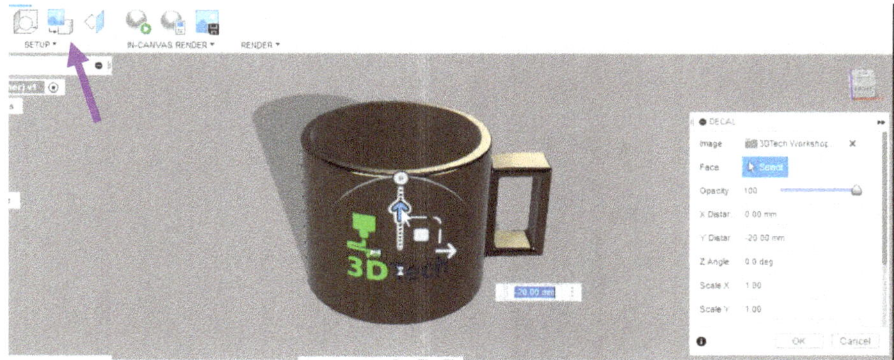

Figura 216: Aplicar una etiqueta o pegatina con "Decal" al objeto

Con el comando "In-Canvas Render" podemos crear una vista previa rápida del renderizado en el entorno del programa y tomar una captura de pantalla con "Capture Image".

Figura 217: "In-Canvas Render" puede utilizarse para la vista previa

Sin embargo, la renderización real se inicia con el comando "Render". Sólo tiene que hacer clic en la tetera y luego realizar los ajustes deseados. Antes de hacer esto, todavía tiene que guardar el proyecto. Puede elegir entre varias resoluciones preestablecidas o especificar la suya propia en "Custom". Cuanto mayor sea la resolución y la calidad del renderizado, más tiempo tardará. En "Render with" podemos seleccionar simplemente "local", es decir, que nuestro propio PC proporcione la potencia de cálculo.

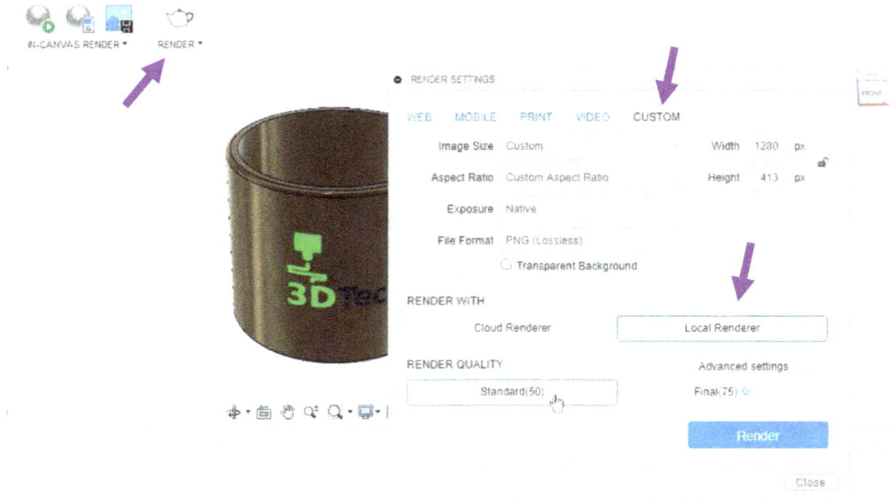

Figura 218: La función "Render" real del espacio de trabajo

A continuación, simplemente inicie el renderizado y espere. El archivo y el progreso se muestran entonces en la parte inferior de la "Rendering Gallery". Haciendo clic en él, puede abrir el gráfico renderizado y guardarlo o eliminarlo. Como puede ver, la posición también desempeña un papel importante, es decir, la forma de rotar y mover el objeto de construcción es la forma en que se renderizará finalmente.

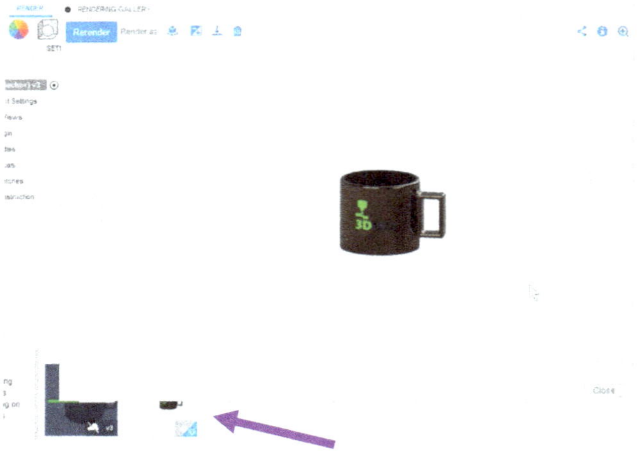

Figura 219: Abra la imagen renderizada con un doble clic en la Galería de Renderizado

Eso es todo para el renderizado, no hay mucho más que discutir en este entorno. Ahora continuaremos con el entorno de la "Animation" y luego volveremos a temas más apasionantes.

7 Animación

Para las posibilidades en el entorno del programa "Animation", utilizamos el modelo construido de nuestro motor de 4 cilindros. Como puede ver, el entorno vuelve a estar estructurado como ya lo conocemos, con la diferencia de que la "Animation Timeline" se encuentra en la zona inferior.

Figura 220: El entorno del programa "Animation" con la "Animation Timeline" (abajo)

Ahora queremos crear una especie de vídeo en el que los pistones de los cilindros se muevan hacia arriba y hacia abajo y se acerquen a algunas posiciones diferentes. Desgraciadamente, no podemos hacerlo tan sencillo como en el entorno de diseño y animar sólo la articulación del cigüeñal, ya que las articulaciones, desgraciadamente, no se muestran en "Animation", sólo los componentes. Por eso sólo animamos los pistones en este caso. Si se va a capturar toda la marcha del motor en un vídeo, lo más fácil es animar la junta del cigüeñal en el entorno de "Design", como ya habíamos hecho. Y luego crear un vídeo de screencasting, es decir, una grabación de pantalla, con un software externo. Por lo demás, la animación es muy compleja.

Volver a la zona de "Animation". Para la animación, ahora tenemos que dar a cada componente individual un movimiento en este entorno, pero la dirección del movimiento es independiente de la articulación. Para ello, utilizamos el comando "Transform Components" de la sección "Transform". Primero ocultamos todos los demás componentes para que sólo queden el cárter y el pistón.

Figura 221: Todos los elementos innecesarios están ocultos; el pistón y el cárter permanecen

Antes de empezar, tenemos que poner el cursor en la línea de tiempo a una duración, por ejemplo a 2 segundos, porque eso es lo que debe durar la primera escena. Si a continuación hacemos un zoom en el modelo, observamos que ya se ha creado una característica de grabación, ya que ésta se produce automáticamente cuando hemos seleccionado una duración de tiempo y realizamos un movimiento del entorno del programa o un desplazamiento de componentes u otra acción.

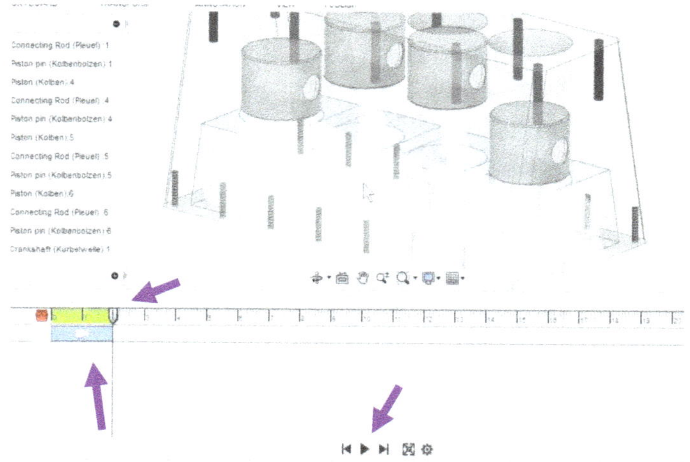

Figura 222: Una característica de la cámara (azul claro) se crea automáticamente después de que hayamos ajustado la línea de tiempo a 2 seg. y hayamos realizado un movimiento con el ratón en el entorno de dibujo; se puede reproducir con Play

Esta función ya refleja el "acercamiento", podemos reproducirlo con un clic en Play. Si no lo desea, utilice el botón "View" para suprimir la función de grabación.

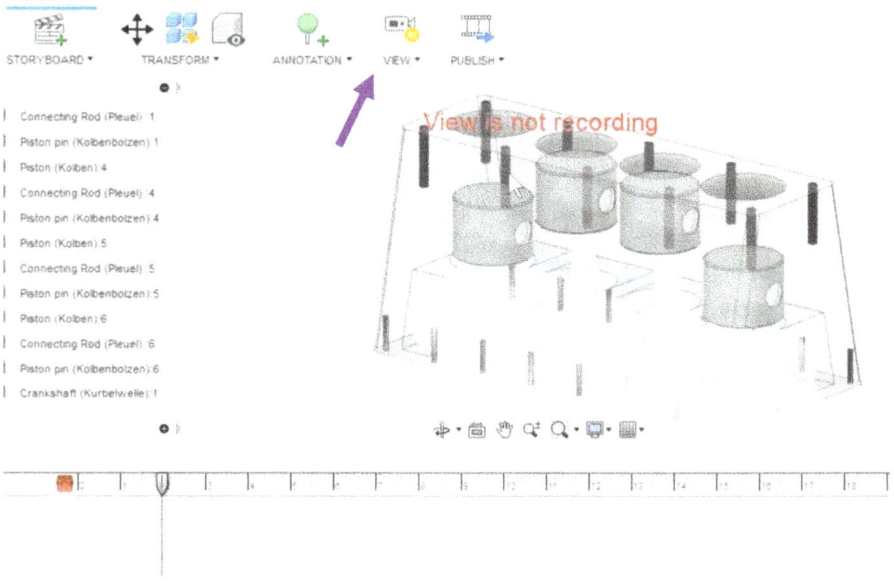

Figura 223: Supresión de la función de grabación automática de la vista con "View"

Pero primero, el primer movimiento de los pistones. Para el primer movimiento seleccionamos el comando "Transform components" y dos de los pistones, cada uno a la misma altura. Copiamos el movimiento con el ratón o introducimos el valor con el teclado, en este caso +80 mm en la dirección z para los dos primeros pistones.

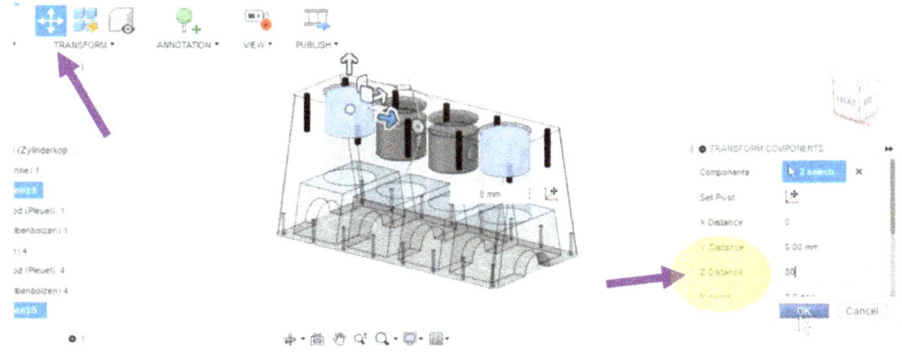

Figura 224: Seleccione los dos pistones exteriores e introduzca +80 mm

Este movimiento dura entonces 2 seg. porque estamos en la marca de 2 segundos en la línea de tiempo. Para el movimiento de los otros dos pistones, tenemos que quedarnos por el momento en la marca de 2 segundos en la línea de tiempo, ya que estos componentes tienen que moverse al mismo tiempo. Seleccionamos los otros dos pistones e introducimos -80 mm en la dirección z para "Transform Components".

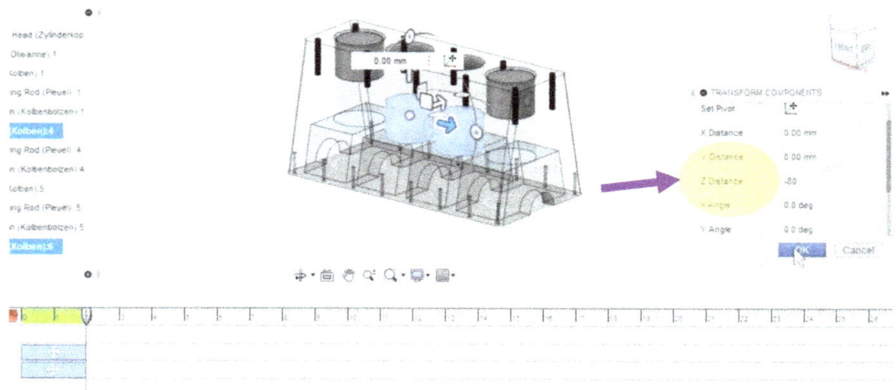

Figura 225: Los dos pistones centrales deben moverse hacia abajo - 80 mm

Si a continuación pulsamos "Play" podremos ver la primera escena.

Para la segunda escena necesitamos ahora exactamente los movimientos opuestos. Así que para los dos primeros pistones - 80 mm y los otros + 80 mm. Para ello, primero ajustamos la línea de tiempo a 4 segundos. Esto se debe a que este movimiento debe durar 2 segundos, exactamente después del primer movimiento.

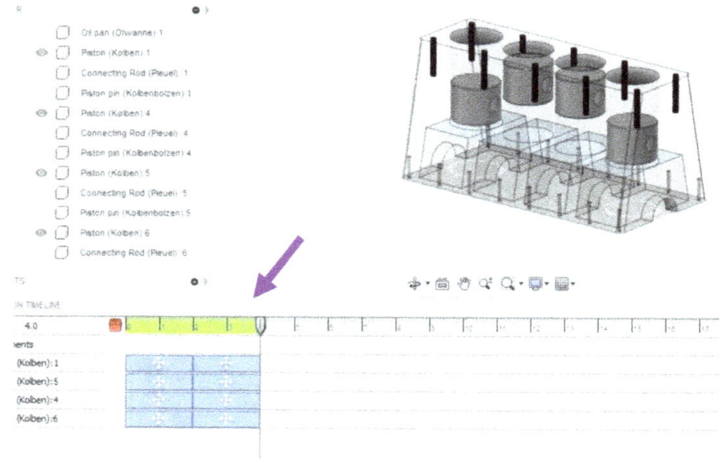

Figura 226: En última instancia, debe haber ocho características de grabación en la línea de tiempo para una revolución, dos por pistón o cuatro por 2 seg.

A continuación, hay que repetirlo todo durante el tiempo que se supone que dura el vídeo. Es una tarea que requiere mucho tiempo, por decirlo claramente.

En estos 4 segundos nos gustaría finalmente añadir un zoom o un cambio de vista, para ello nos quedamos con los 4 seg. en la línea de tiempo y simplemente ejecutamos el movimiento de zoom o de vista que queramos tener.

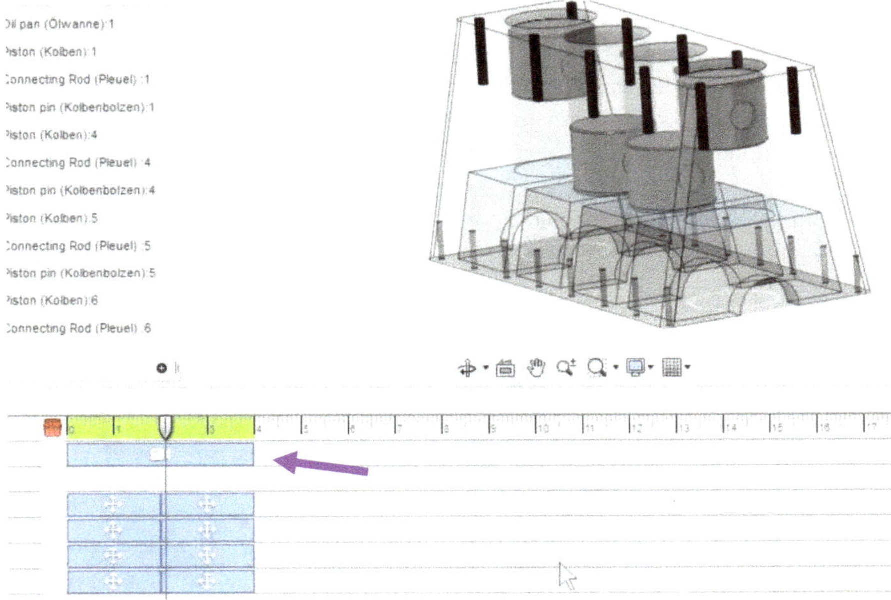

Figura 227: Ejecute el movimiento de la vista (girar, mover u otro) y pulse "Play"

El corto de animación está listo! Con un clic en "Publish" podremos entonces guardar nuestro vídeo con la configuración deseada.

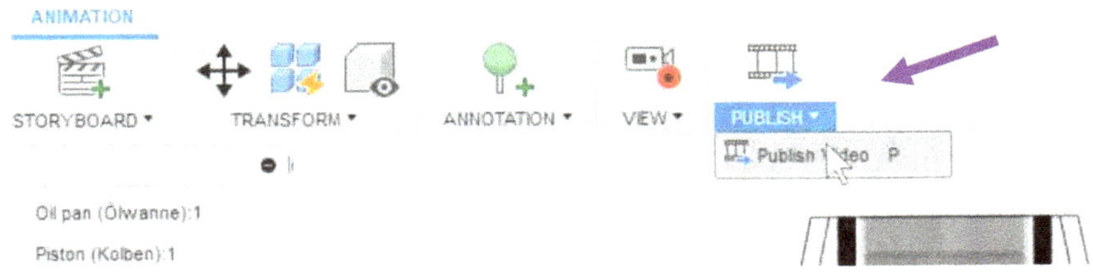

Figura 228: Publicar la animación con "Publish" o guardarla en el formato deseado

Sección III: Simulación, fabricación y dibujo

En esta parte final del curso, las cosas se ponen realmente interesantes al ver las secciones de "Simulation", "Manufacture" y "Drawing". La sección de simulación le permite simular las cargas y el comportamiento de los materiales. Quizá el término MEF, es decir, el "Método de los Elementos Finitos", signifique algo para usted. Sin entrar en detalles sobre este complejo principio, al menos debería haber oído el nombre y saber que el software MEF puede utilizarse para simular las cargas y el comportamiento de los materiales de un componente. En este curso práctico, nos ocupamos exclusivamente de la aplicación de la metodología. Las secciones "Manufacture" y "Drawing", que siguen, son necesarias para la producción directa en máquina, por un lado, y para crear dibujos técnicos como documentos de producción, por otro.

8 (FEM) simulación

8.1 Introducción a la simulación y primer estudio de simulación

Figura 229: Objetivo de este capítulo: Simular una carga con el modelo CAD del mosquetón

Nos gustaría utilizar el mosquetón creado en uno de los proyectos de diseño como muestra para conocer el entorno de "Simulation" de Fusion 360. Con el entorno "Simulation" podemos simular cargas y obtener como resultado valores como: las tensiones resultantes en el componente o los desplazamientos resultantes, en términos simplificados, por ejemplo, la flexión de un componente bajo una carga aplicada.

Para ello, abrimos el archivo y pasamos al menú "Simulation" en la opción de selección de la parte superior izquierda. La primera ventana que aparece es "New Study", en la que podemos seleccionar qué simulación queremos realizar. Por ejemplo, podemos elegir entre la simulación de la tensión estática, la tensión térmica o la tensión estática no lineal.

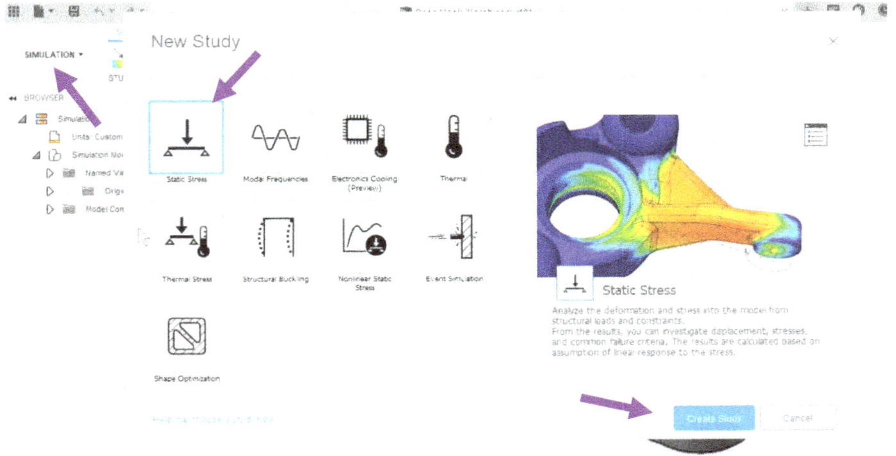

Figura 230: Abra el archivo del mosquetón y pase al área de "Simulation"

En este curso para principiantes nos ocupamos exclusivamente de la que probablemente sea la aplicación más común: la carga estática. Por eso lo seleccionamos. Con un clic en "Create Study" iniciamos un nuevo estudio llamado de carga. A continuación, se muestra con todas las opciones y ajustes relevantes a la izquierda en el árbol de estructura bajo las carpetas del objeto.

En el área de "Simulation" sólo hay la pestaña de menú "Setup" en la barra de menú superior, donde realizamos todos los ajustes que necesitamos para la simulación. Si queremos calcular diferentes situaciones de carga, por ejemplo, simular dos puntos de aplicación de fuerza diferentes, también podemos crear varios estudios de este tipo, para ello simplemente haremos clic en "New Study".

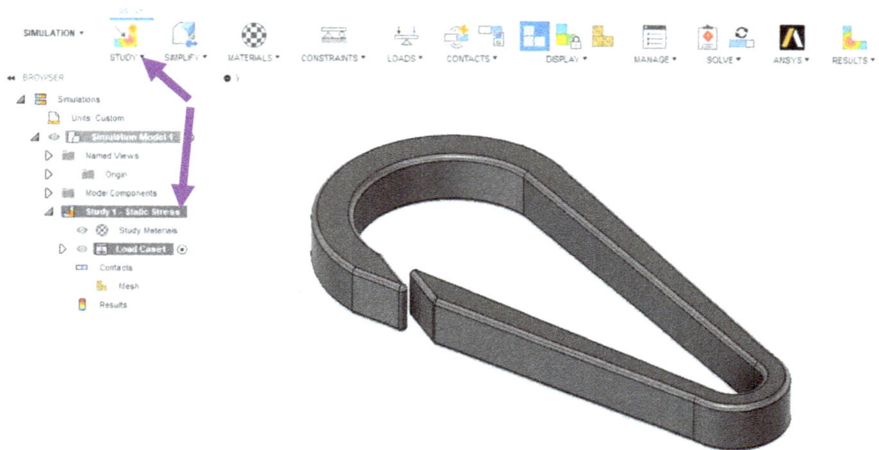

Figura 231: El entorno del programa en la sección "Simulation"

Para la simulación de una carga sobre un componente, se procede sucesivamente en cinco pasos. Este procedimiento es relativamente idéntico para cada estudio, sólo difiere el contenido.

Antes de comenzar con un estudio de carga, primero consideramos si tiene sentido que simplifiquemos un poco nuestro componente. Esto tiene sentido si tenemos un componente geométricamente muy complejo o un conjunto grande con muchos componentes que no contribuyen al cálculo. Cuanto más complejo sea el cálculo, mayor será el tiempo de cálculo. En nuestro caso, sin embargo, podemos dejar la geometría como está.

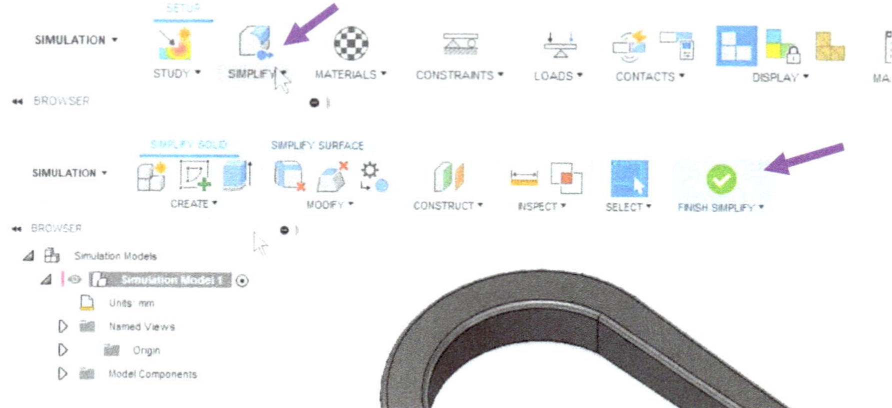

Figura 232: Si hacemos clic en el comando "Simplify" de la barra de menús (imagen superior), se abre la barra de menús para el área "Simplify" (imagen inferior), en la que podemos hacer simplificaciones a los sólidos y superficies; luego volvemos a cerrar el área con "Finish Simplify".

El segundo paso es comprobar si el material correcto está asignado a nuestro componente. Para ello, utilizamos el menú "Materials". Al hacer clic en "Study Materials" se abre una ventana en la que aparecen los materiales respectivos de todos los componentes.

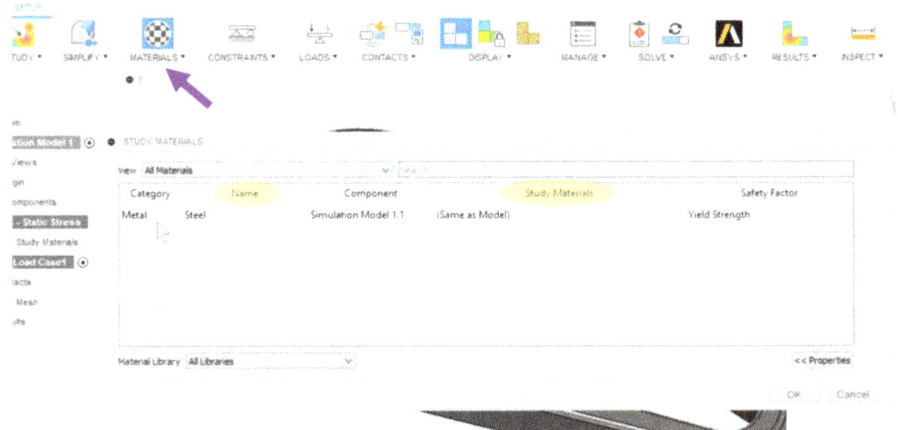

Figura 233: Al hacer clic en "Study Materials" en el menú "Materials" se abre una ventana

En este caso sólo tenemos una, porque es una sola pieza. Dependiendo de lo que hayamos seleccionado como material en la construcción, el material -el acero está seleccionado por defecto- se nos muestra en "Name". En el campo "Study Materials" podemos ahora seleccionar el material del componente para este estudio. Por el momento está configurado como "Same as model", por lo que se utiliza el material real del objeto para nuestro estudio de carga, es decir, el acero. Si queremos seleccionar un material diferente para, por ejemplo, un estudio de carga distinto, simplemente lo seleccionamos en el menú desplegable. Como alternativa, podemos cambiar el material en el entorno de diseño, pero esto llevará más tiempo para los estudios múltiples. Para este mosquetón sencillo, seleccionamos ahora el "Aluminium" como material para el cálculo, por ejemplo, ya que el acero tendría un módulo de elasticidad demasiado alto para abrir el mosquetón en este caso, es decir, tendría una resistencia a la deformación demasiado alta.

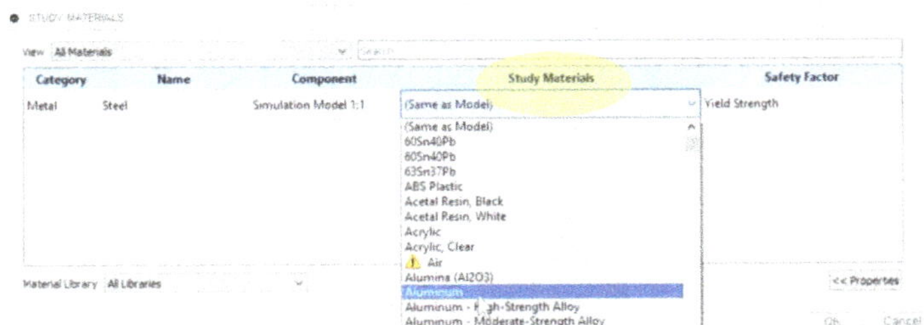

Figura 234: Selección de aluminio en el menú desplegable de "Study Materials"

Haciendo clic en "Properties" también podemos visualizar las propiedades preestablecidas del material, como la densidad, el módulo de Young, etc.

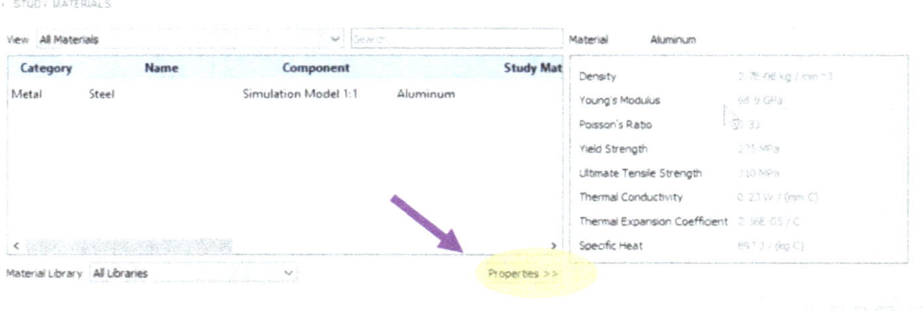

Figura 235: Visualización de las propiedades del material tras la selección del mismo

El tercer paso antes de poder iniciar el cálculo de la simulación es seleccionar "Constraints" y "Contacts" para el cálculo.

Sólo necesitamos "Contacts" para un conjunto con varios componentes, porque con "Contacts" definimos la transferencia de carga entre los componentes individuales, es decir, los puntos de conexión entre los componentes. Lo veremos con más detalle en el segundo ejemplo.

Así que aquí sólo tenemos que definir las "Constraints". Las "Constraints" en el área de "Simulation" simplemente representan limitaciones. Es decir, en qué puntos o superficies se fija nuestro componente en el espacio o cómo o dónde se apoya.

Piense en ello en términos muy prácticos: Usted tomaría el mosquetón con una mano y lo sujetaría con la palma de la mano contra el dorso o presionaría el dorso contra la palma de la mano, por eso elegimos la superficie posterior del mosquetón para guardarlo.

Para ello creamos una restricción con el comando "Constraints" o también "Structural Constraints".

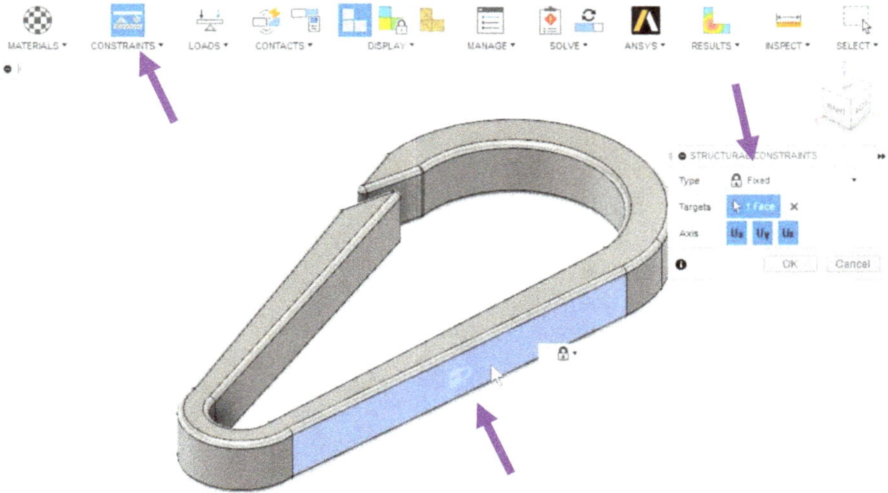

Figura 236: Fijación de la parte trasera del mosquetón con la "Constraint": "Fixed"

Aquí podemos elegir entre "Fixed", "Pin", "Frictionless", etc. Para el mosquetón elegimos "Fixed" como la restricción más sencilla y asumimos como simplificación que se aplica en todas las direcciones, es decir, que el mosquetón no se mueve ni un poco en la palma de la mano.

Luego, en el cuarto paso, por supuesto, seguimos necesitando una carga. Pensamos en cómo se carga realmente el mosquetón.

En la presente geometría, el elemento frontal del mosquetón se carga presionando para ampliar la abertura del mosquetón, por ejemplo, para enhebrar una cuerda.

Por ejemplo, se presionará con el dedo índice y/o medio contra el borde superior del mosquetón, es decir, justo antes de la apertura.

Para la simulación de esta carga seleccionamos el comando "Loads" o "Structural Loads" y como tipo una fuerza, es decir, "Force".

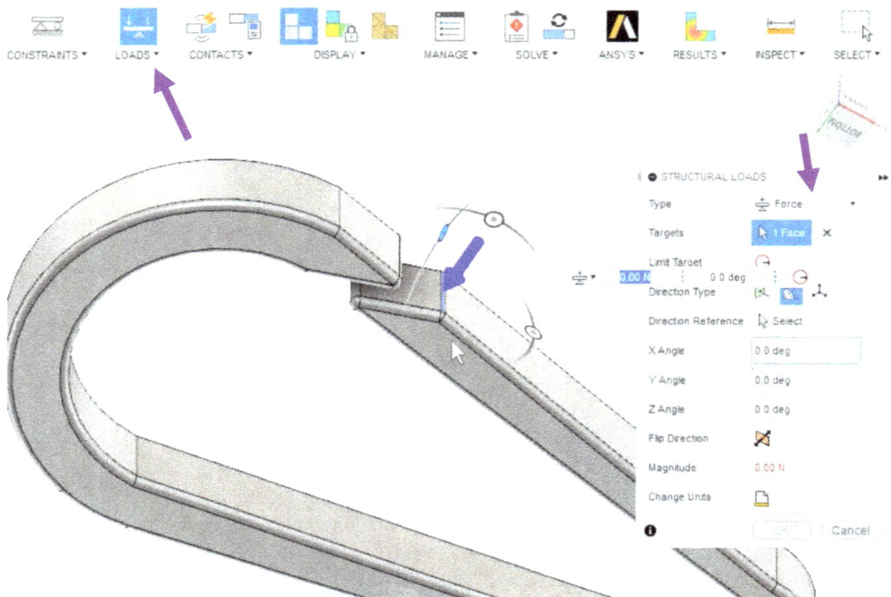

Figura 237: Selección de la dirección de la carga, el punto de aplicación y la fuerza en "Structural Loads"

También podríamos aplicar aquí una "carga de presión", un "momento" u otra carga, dependiendo de la situación.

A continuación, seleccionamos el redondeo superior delantero del mosquetón, justo antes de la apertura, e introducimos un valor para la fuerza de, por ejemplo, 100 N. Esto corresponde a una carga de aproximadamente 10 kg. Un hombre, por cierto, puede aplicar hasta 500 N de fuerza de agarre de serie, es decir, unos 50 kg, si se esfuerza más. Asumimos aquí una dirección perpendicular de la fuerza sobre la superficie. Sin embargo, aquí también podríamos cambiar la dirección del vector de fuerza.

Entonces tenemos casi todo lo que necesitamos. En el último y quinto paso, antes de que podamos iniciar el cálculo de la simulación y se muestren los resultados, tenemos que generar una malla. En el método MEF, el cálculo se realiza mediante una malla con nodos que se coloca sobre el cuerpo sólido. Lo hacemos simplemente haciendo clic con el botón derecho en "Mesh" en el árbol de estructuras y seleccionando "Generate Mesh" en el lado izquierdo. A continuación se muestra la malla generada. En realidad, podría omitir este paso porque el software genera automáticamente la malla durante un cálculo de todos modos.

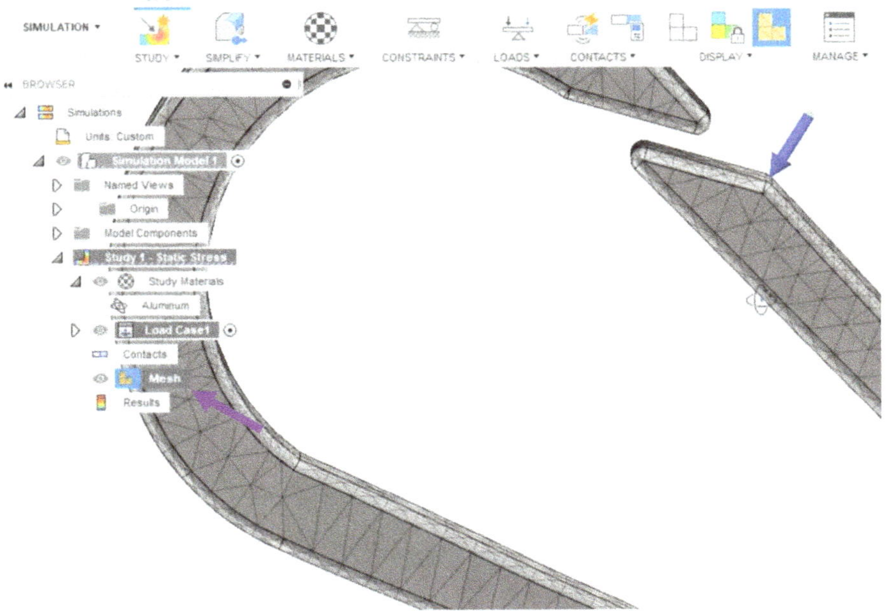

Figura 238: Generar la malla mostrada con "Generate Mesh"

A continuación, se calculan los resultados pulsando el botón "Solve" de la parte superior. Por cierto, con la "Pre-Check" podríamos comprobar de antemano si se han introducido todos los datos relevantes para el cálculo, por ejemplo, si se han definido las Constraints y las cargas.

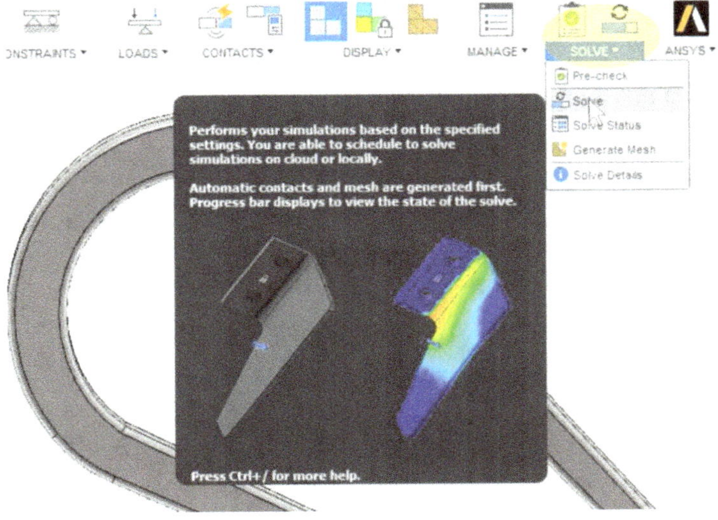

Figura 239: "Solve" para el cálculo y "Pre-check" para la comprobación antes del cálculo

Entonces podemos tener el cálculo resuelto en la "Cloud" o localmente. Utilice la "Cloud" si "local" no funciona.

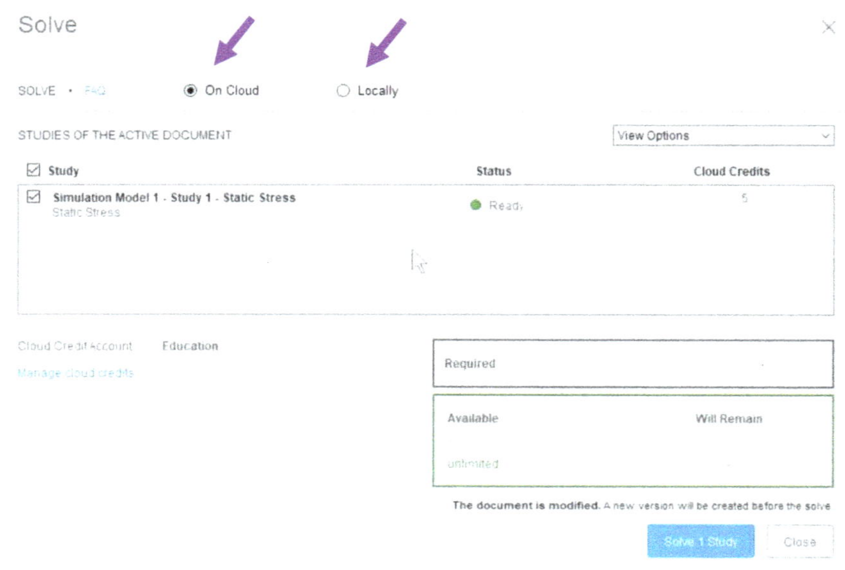

Figura 240: Hacer el cálculo en la "cloud" o localmente

Cuando el cálculo se completa con éxito, se nos muestran los resultados. Tras el cálculo, se nos ofrece primero información general sobre el estudio de tensiones en la ventana "Result Details". Se muestra el factor de seguridad mínimo, así como recomendaciones sobre cómo podemos mejorar el factor de seguridad o debilitarlo si es demasiado bajo o demasiado alto.

Un factor de seguridad inferior a 1 significa que el material fallará bajo la carga, un factor de seguridad superior a uno significa que puede soportar la carga con seguridad. Si el factor de seguridad es demasiado alto, se puede hablar de "sobreingeniería" y ahorrar material innecesario haciendo el componente más fino, por ejemplo. Este factor también se muestra gráficamente de nuevo primero cuando cerramos la ventana "Job Status".

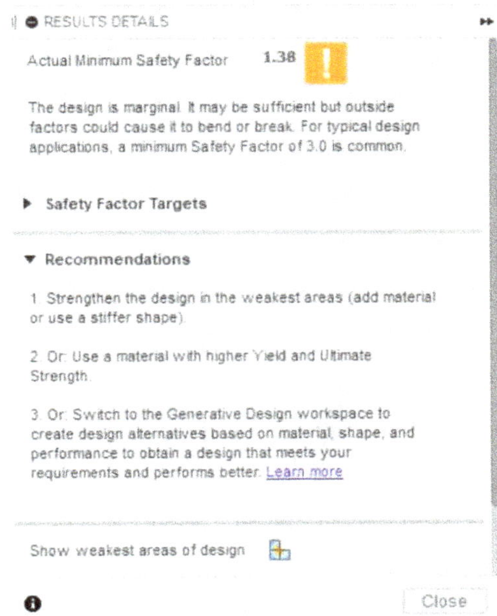

Figura 241: Tras el cálculo, se abre la ventana "Result Details" con una primera visión general o recomendaciones iniciales para mejorar el modelo.

Figura 242: La visualización gráfica después de que hayamos cerrado la ventana de "Result Details" y el cálculo; en el menú desplegable, puede elegir entre varias opciones de visualización (Factor de seguridad, Tensión , Desplazamiento , Fuerza de reacción , Deformación)

El gradiente de color en el componente indica qué factor de seguridad está presente en cada zona. El factor de seguridad es más bajo en la zona de la curvatura inferior del componente. Esto también era de esperar con esta carga de flexión; la tensión en el componente también será la más alta aquí. Si el mosquetón se rompe al abrirlo, se romperá primero en alguna parte de esta zona.

Para visualizar las tensiones o los desplazamientos, abrimos el pequeño menú desplegable en la zona de la escala de colores debajo de "Load Case". Podemos visualizar la "Tensión", la "Deformación", el "Desplazamiento" y las "Fuerzas portantes", así como realizar otras opciones y cambiar las unidades. Si miramos las "tensiones de von Mises", vemos que probablemente hay unos 198 MPa de tensión en la curvatura interior del mosquetón.

Figura 243: La tensión máxima en la zona del redondeo inferior del mosquetón

Al visualizar el desplazamiento, vemos que con la fuerza aplicada, pudimos abrir el mosquetón unos 2,2 mm en la dirección y.

Por un lado, esto es gráficamente exagerado, por otro lado, es por supuesto demasiado poco para abrir el mosquetón. Por tanto, tendríamos que aplicar más fuerza y posiblemente reforzar nuestro mosquetón en la zona inferior si el factor de seguridad ya no fuera suficiente.

Figura 244: El desplazamiento máximo en la zona de apertura del mosquetón

¡Perfecto! Esa fue la primera parte de la sección "Simulation".

Con este conocimiento, ya podemos simular un componente simple para una situación de carga. En la segunda parte, echaremos un vistazo a nuestro modelo de motor. Permanezca atento, ¡continúa de forma emocionante!

8.2 Realizar un estudio de simulación con un montaje

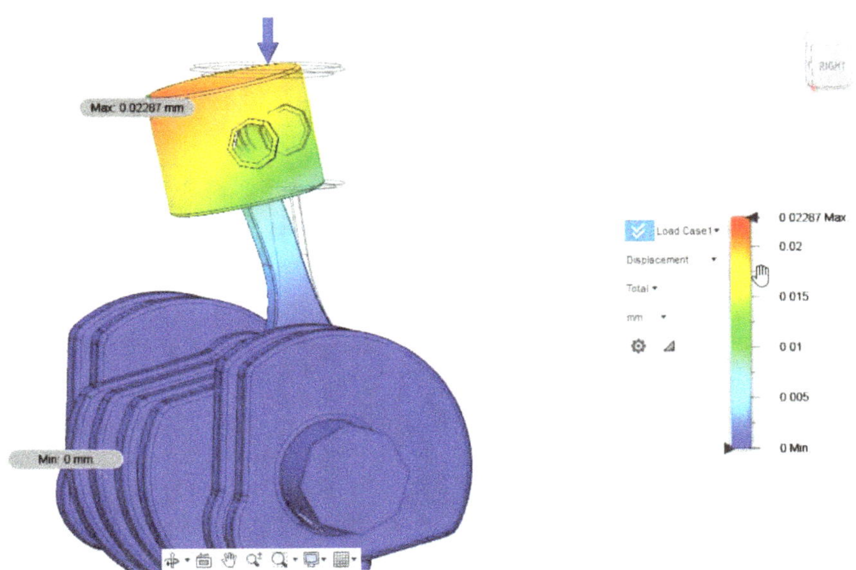

Figura 245: El objetivo de este capítulo es simular nuestro modelo de motor

En este capítulo queremos profundizar en nuestros conocimientos y habilidades de simulación mediante un montaje. Hay que tener en cuenta algunas pequeñas diferencias en las piezas individuales. Elegimos como modelo nuestro ejemplar motor de 4 cilindros. Iniciamos un nuevo estudio en el modelo de motor, de nuevo "Static stress".

Antes de empezar, simplificaremos primero el modelo para nuestros fines. Queremos simular las fuerzas que actúan sobre un pistón y para ello sólo consideraremos un pistón, con bulón, biela y el cigüeñal. Por lo tanto, eliminaremos todos los demás componentes. Ya lo he preparado. Puede hacerlo muy fácilmente con el comando "Simplify" de la barra de menú. Para ello, seleccionamos el comando y, a continuación, seleccionamos uno o varios componentes del árbol de estructura que no sean necesarios y, tras hacer clic con el botón derecho, seleccionamos el comando "Remove". Por último, cerramos la zona con "Finish Simplify".

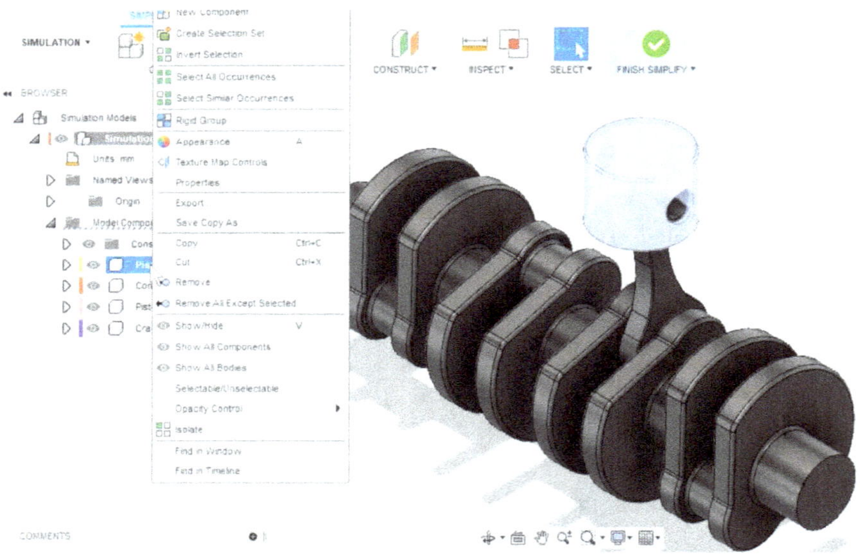

Figura 246: En esta imagen, nos encontramos en la zona de "Simplify"; haga clic con el botón derecho del ratón sobre el componente en el árbol de estructura y seleccione "Remove"; el cigüeñal con biela, el pistón y el bulón del pistón deberían quedar como se muestra

La simulación en un conjunto se ejecuta de forma relativamente idéntica a la simulación en una pieza individual, es decir, primero tenemos que pensar en simplificar el modelo de nuevo, ya lo hemos hecho. Entonces, elija el material adecuado. En nuestro caso dejamos el material de todos los componentes en acero, que es lo que elegimos por defecto en el diseño. En el siguiente paso tenemos que definir las "Constraints" y los "Contacts". Lo que son las "Constraints" y cómo las definimos, ya lo habíamos tratado en el capítulo anterior. Sin embargo, en este capítulo también necesitamos "Contacts" porque tenemos que determinar cómo se transfiere a través de los componentes la carga que luego queremos aplicar verticalmente desde arriba a la superficie del pistón. Por lo tanto, los "contacts" definen la transferencia de carga entre los componentes individuales, es decir, los puntos de conexión entre los componentes.

Aquí hay dos posibilidades. Podemos dejar que el programa cree los "automatic contacts" por sí mismo o utilizar los "manual contacts ", es decir, crear todos los "contacto" nosotros mismos. En general, se ha demostrado que es útil utilizar primero los "automatic contacts" y luego comprobarlos manualmente y, si es necesario, cambiarlos según los propios deseos.

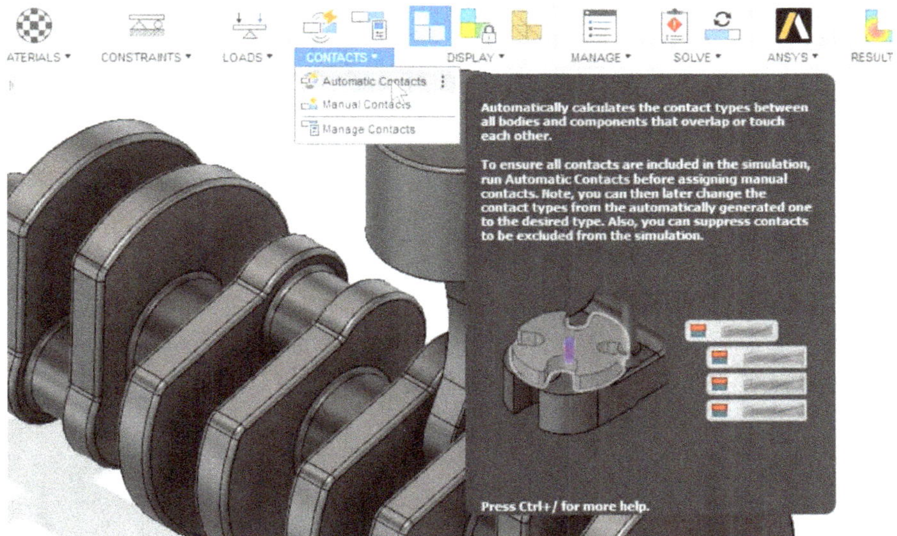

Figura 247: Opción de selección entre "automatic contacts" y "manual contacts"

Cuando hayamos creado "Automatic contacts", podremos ver las conexiones creadas haciendo clic en "Manage Contacts". En nuestro caso necesitamos: conexiones entre el pistón y el bulón, entre el bulón y la biela, y entre la biela y el cigüeñal.

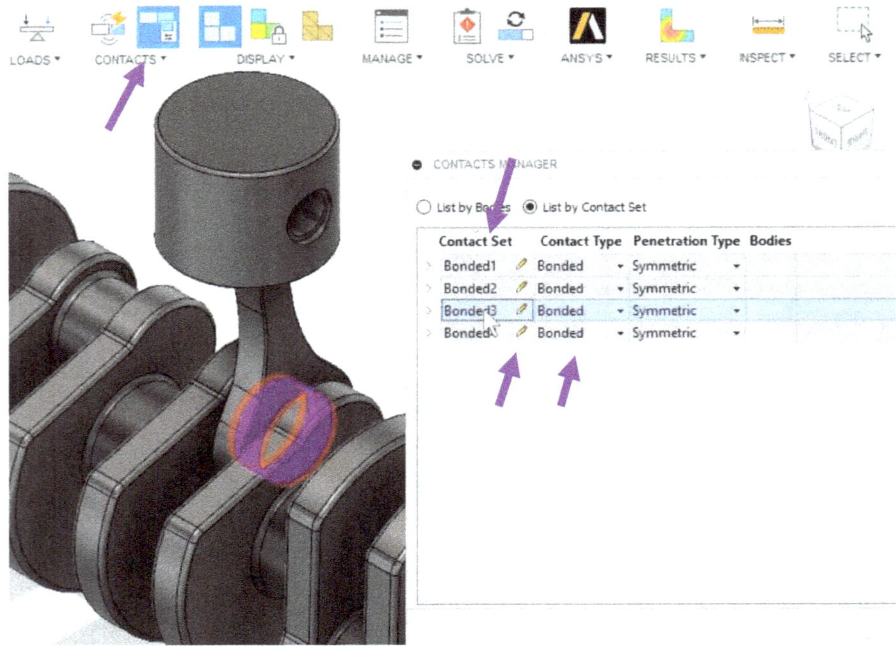

Figura 248: Tras hacer clic en "Automatic Contacts" y "Manage Contacts" (barra de menú), se nos muestran los contactos que se han creado.

Si hacemos clic en el pequeño icono del lápiz de un contacto creado, podemos editarlo.

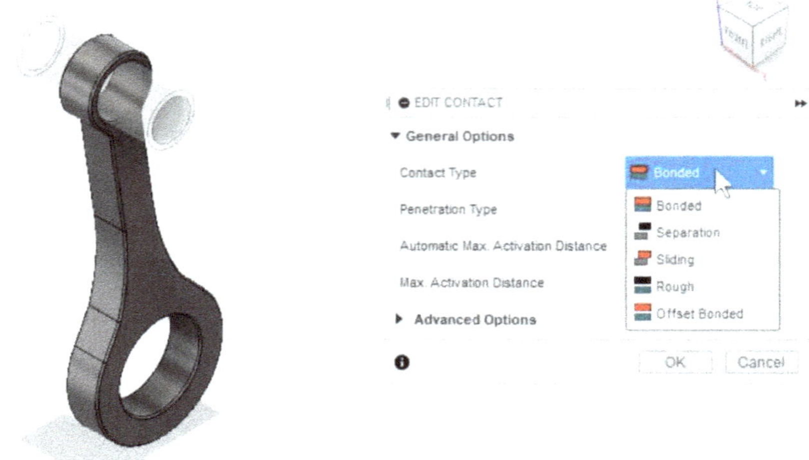

Figura 249: Edición de un contacto creado automáticamente ("haga clic en el icono del lápiz" de un contacto; véase la figura anterior) y luego seleccione "Contact Type"

Podemos seleccionar el "Contact Type" en los ajustes generales. Hay seis tipos de contactos básicos disponibles. "Contact Types" tiene seleccionado por defecto el tipo "Bonded", que corresponde a un estado de conexión fijo o bonded. En nuestro caso, dejamos todos los "Contact Types" ajustados a "Bonded" para realizar un cálculo simplificado en nuestro modelo ya simplificado.

Sin embargo, vamos a ver brevemente cómo seleccionaríamos el "Contact Types" correcto en un cálculo más detallado y preciso. Para ello, es importante conocer las secuencias de movimiento de un modelo. En nuestro caso, por ejemplo, sabemos que la biela está montada rotativamente en los dos ojos de biela, lo que significa que aquí debe ser posible un movimiento de rotación. También es importante conocer los "contact types" individuales. Puede elegir entre "Bonded", "Separation", "Sliding", "Rough" y "Offset Bonded".

"Bonded", como ya se ha mencionado, refleja una conexión fija, pegada por así decirlo, con "Offset Bonded" también es así, pero se puede establecer un "offset", como su nombre indica, entre los dos componentes, es decir, se puede evitar un contacto entre los cuerpos mediante una distancia. La "Separation" permite que los cuerpos se alejen unos de otros durante la carga. El "Sliding" no permite que los componentes se alejen unos de otros, pero las superficies pueden moverse tangencialmente hacia o desde el otro, es decir, deslizarse una sobre otra. "Rough", en última instancia, sigue permitiendo un movimiento total o incluso parcial de alejamiento y, en realidad, se asemeja a una articulación con una fricción estática muy elevada. En nuestro modelo, sin embargo, sólo utilizamos "automatic contacts" con el tipo "Bonded" en este curso para principiantes.

¿Qué nos falta por calcular? Exactamente! "Constraints", es decir, la fijación en el espacio, así como una carga que se aplica. Como "Constraints" seleccionamos todas las superficies del cigüeñal con las que éste se monta en el cárter. Los fijamos en todas las direcciones y seleccionamos como "Type": "Fixed", lo que significa que en este caso simulamos que el cigüeñal no se mueve, normalmente giraría. Sin embargo, sólo queremos simular un caso estático y no uno dinámico.

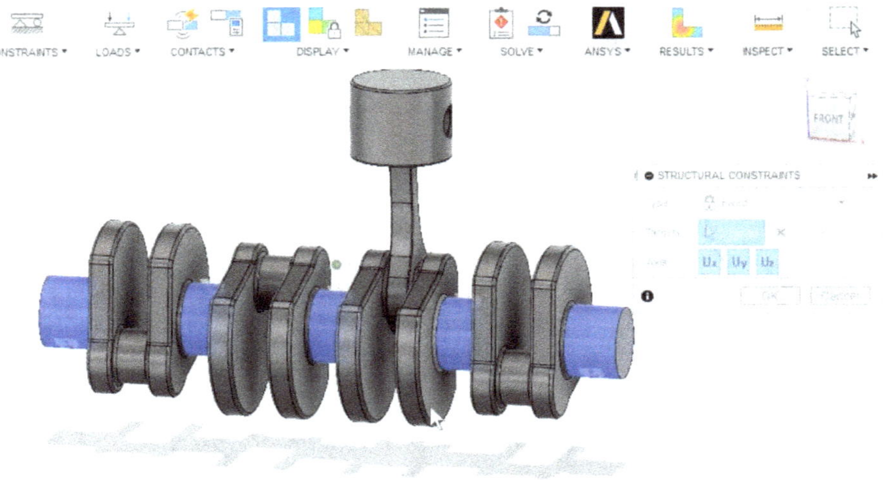

Figura 250: Utilización de los cojinetes principales del cigüeñal como soportes ("Structural Constraints")

Por último, definimos una carga, perpendicular a la superficie del pistón, por ejemplo, 1000 N.

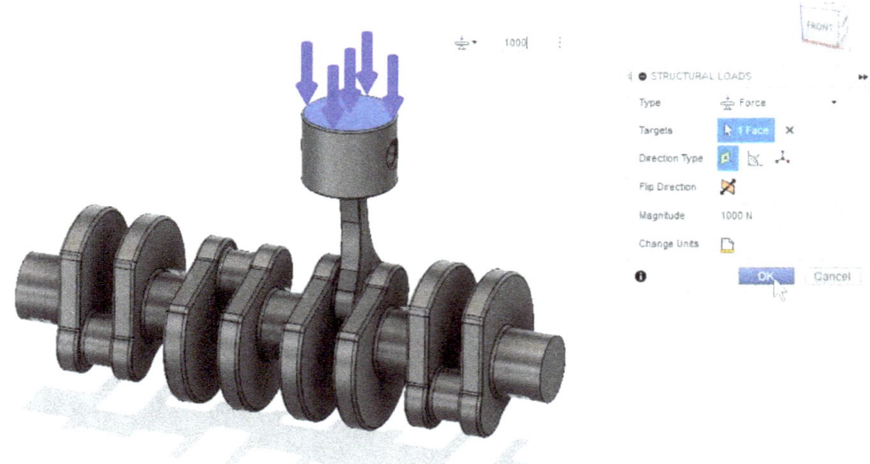

Figura 251: 1000 N deben actuar sobre la superficie del pistón

Ahora podríamos crear la malla, pero con un clic en "Solve", el programa lo hará automáticamente.

Una vez calculado el modelo con éxito, podemos volver a mostrar los resultados deseados, como la "tensión", la "deformación" o el factor de seguridad. En nuestro caso, podemos ver cómo la biela se deformaría bajo la carga. Por supuesto, esto es de nuevo muy exagerado aquí.

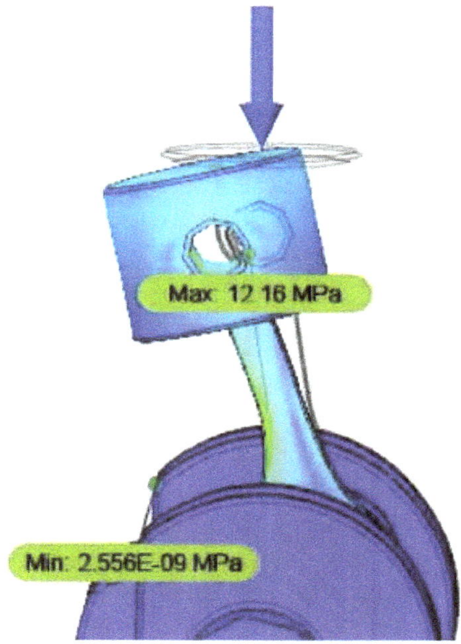

Figura 252: La deformación del eje de la biela bajo carga es claramente visible

Por cierto, con la ayuda de la escala del lado derecho, también podemos limitar el rango de visualización y así, por ejemplo, mostrar sólo las zonas con una tensión muy alta.

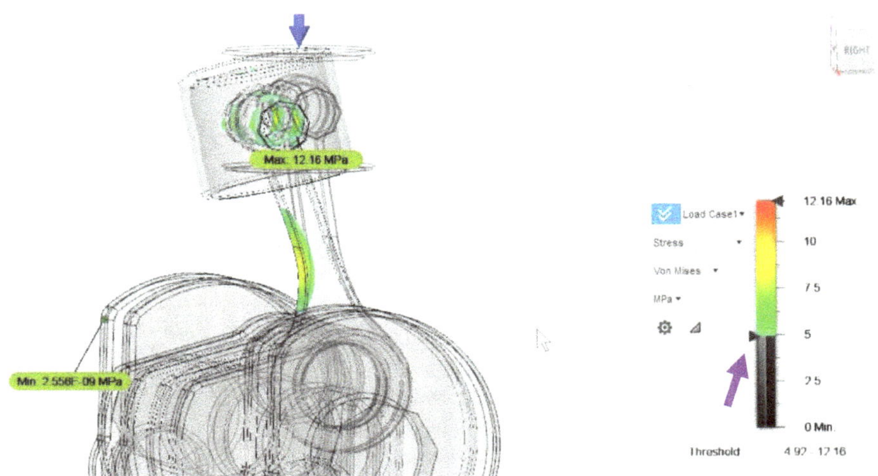

Figura 253: Limitación de la escala con el cursor para mostrar sólo un determinado rango de valores

¡Muy bien! Esto debería bastarnos como introducción al mundo de la simulación FEM con Fusion 360. Ha aprendido a realizar un estudio de carga en una pieza individual y en un conjunto.

Los estudios de casos más avanzados y otras aplicaciones irían más allá del alcance de este curso para principiantes. Espero que continúe en el curso avanzado!

Pero no se preocupe, el curso no termina aquí. De hecho, en la próxima lección hablaremos de otra emocionante característica de Fusion 360. Ahora veremos la sección del menú "Manufacture", con la que podrá planificar de forma óptima la producción de una sola pieza.

9 Fabricación

¡Bienvenido de nuevo! En esta penúltima lección del curso veremos la CAM. CAM es la abreviatura de "Computer Aided Manufacturing" (fabricación asistida por ordenador) y describe la planificación asistida por ordenador de la fabricación de un componente, que se produce con la ayuda de una máquina CNC, por ejemplo. Una de las principales funciones del área de "Manufacture" es crear "sendas" para las herramientas. A continuación, podemos exportarlos, por ejemplo, como un archivo "gcode", y enviarlos a la herramienta, por ejemplo, al CNC. Veamos esto en esta lección con un ejemplo. Para ello, primero construiremos una pieza muy sencilla y luego echaremos un vistazo a las barras de menú y a las funciones del área de "Manufacture". Construya la pieza de ejemplo muy sencilla utilizando las siguientes dimensiones y como se muestra a continuación.

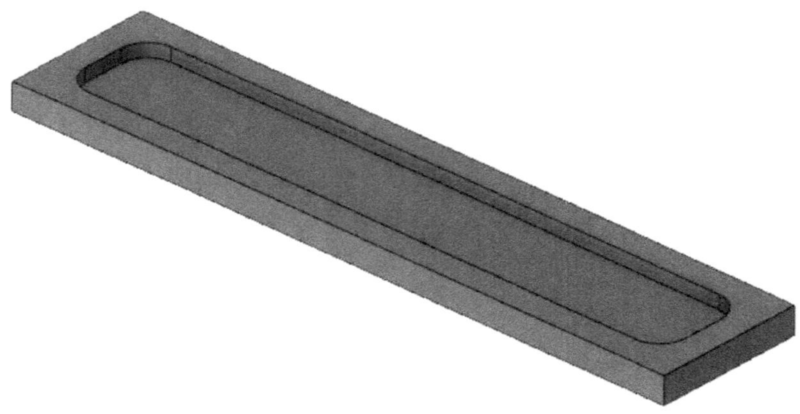

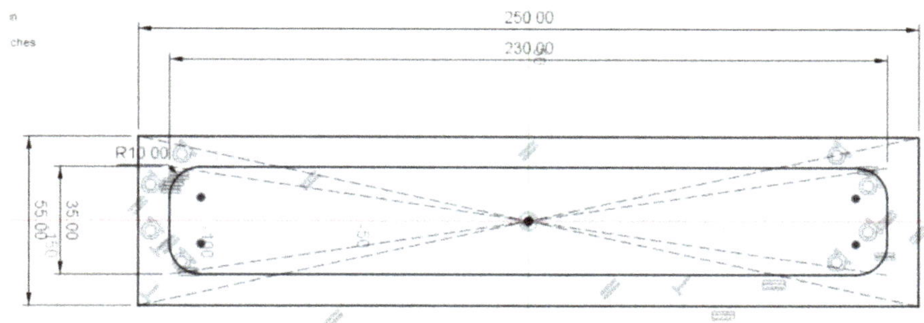

*Figura 254: Construya la pieza mostrada con las dimensiones indicadas
(10 mm de extrusión, 5 mm de profundidad para el recorte).*

A continuación, pasamos a la zona de "Manufacture" y primero echamos un vistazo a la barra de menús de la zona superior. Aquí están las pestañas del menú "Milling", "Turning", "Additive", "Inspection", "Fabrication" y "Utilities". En las áreas de "Milling" a "Additive", siempre encontrará el comando o función "Setup", así como comandos importantes para el tipo de producción respectivo.

Figura 255: Los métodos de fabricación "Milling", "Turning" y "Additive"

Ahora nos ocuparemos de la planificación de la producción de nuestro ejemplo. Para ello, tenemos que cambiar a la pestaña "Milling", ya que queremos fresar el rebaje de nuestro componente. Primero tenemos que crear una "Setup", es decir, hacer las especificaciones generales, y seleccionar nuestro producto semiacabado, es decir, el material de partida.

Figura 256: Seleccione "Setup" en el área "Milling"; se abre una ventana

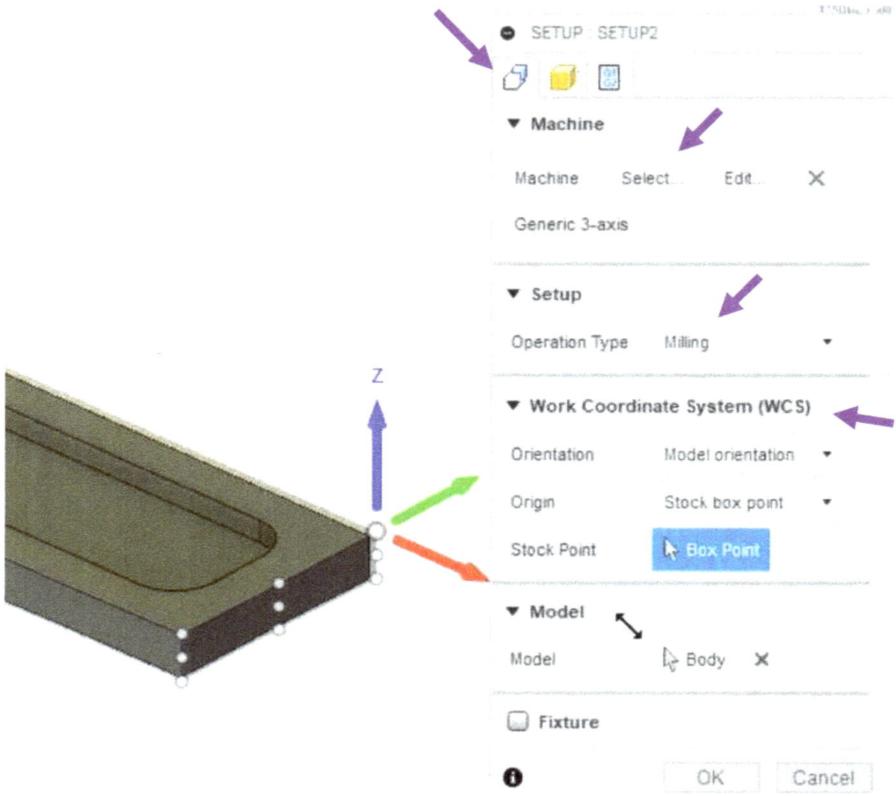

En el área "Setup" seleccionamos primero nuestra máquina, aquí como ejemplo una máquina de 3 ejes. A continuación, el "Operation Type". Necesitamos la "Milling". Otro ajuste importante es la colocación y orientación del sistema de coordenadas de la pieza "WCS". Oriente el sistema de coordenadas de manera que tenga sentido para la operación o la máquina respectiva. Para el "fresado", por ejemplo, el eje z debe apuntar hacia arriba y los ejes x e y determinan el plano de fresado. En nuestro caso, la alineación ya es correcta. Para el origen, lo mejor es elegir un punto en el borde del componente.

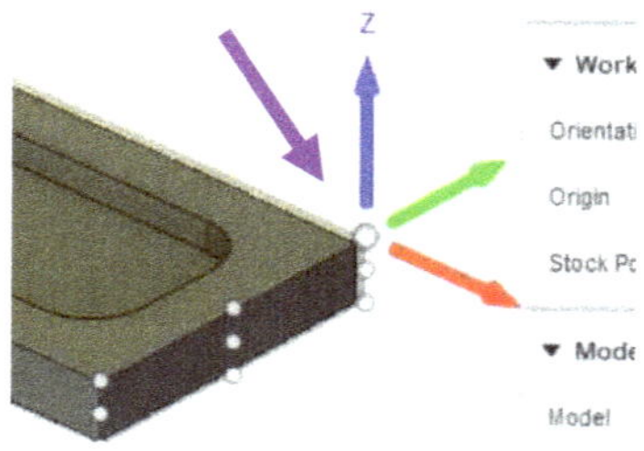

Figura 257: Fijar el sistema de coordenadas "WCS" en un punto de la arista

A continuación, cambiamos al área "Stock" en el menú de comandos "Setup" e introducimos aquí la información sobre nuestro material de partida. En función del "Mode" seleccionado, podemos introducir información sobre el tamaño del producto semielaborado. Por ejemplo, podemos introducir dimensiones definidas con "Fixed sized box" y especificar dónde debe situarse el modelo dentro del material de origen. Como no queremos editar las superficies exteriores de nuestro material y suponemos que ya hemos cortado las dimensiones correctas, seleccionamos "from solid" y el componente.

Figura 258: Seleccionando "From Solid" en el ítem "Mode" en "Stock"

Nuestro material de origen real para el trabajo de fresado es ahora idéntico a las dimensiones exteriores de nuestro modelo CAD virtual. A continuación, podemos cerrar el menú de configuración ("Setup"). Para determinar la trayectoria de trabajo de la fresa para la creación del rebaje, seleccionamos un comando adecuado en el área 2D. Como podemos ver, hay una gran variedad de comandos aquí, y es mejor echar un vistazo a ellos uno tras otro. En nuestro caso necesitamos el comando "2D Pocket" con el que crearemos la trayectoria de trabajo de la fresa para el rebaje.

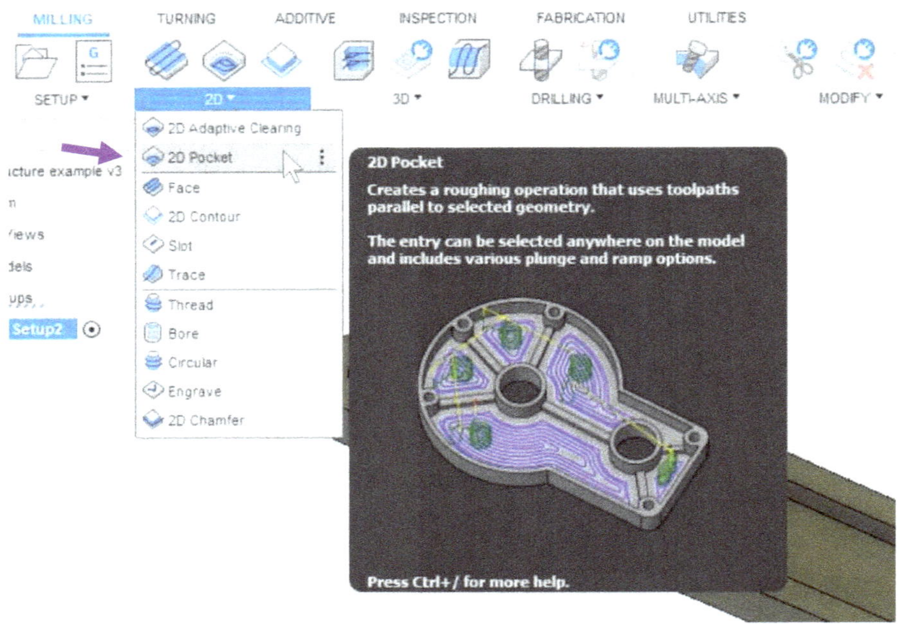

Figura 259: El comando 2D "2D-Pocket" con el que fresaremos el hueco

Se abre un menú en el que tenemos que hacer algunos ajustes. Primero seleccionamos nuestra herramienta de fresado deseada en el área "Tool".

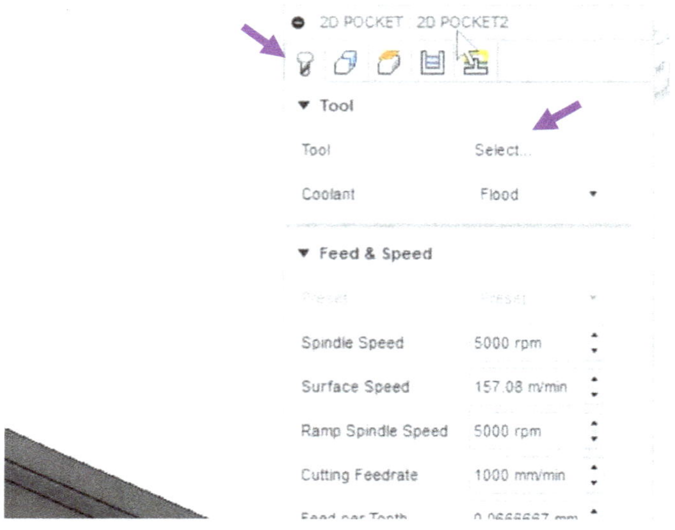

Figura 260: Seleccione "Tool" en la ventana del menú, se abre una nueva ventana

Puede encontrar uno en la biblioteca de Fusion 360 o crear el suyo propio. En este caso, selecciono una fresa de 5 mm con un extremo plano como ejemplo. En la sección inferior "Cutting Data", se nos sugieren entonces los parámetros de proceso más adecuados en función del material y del tipo de mecanizado. Por ejemplo, queremos fresar aluminio.

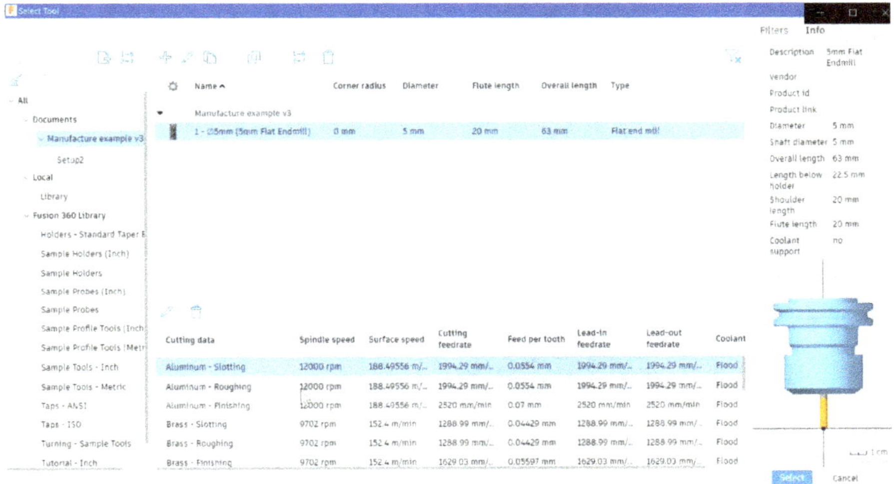

Figura 261: Selección de una herramienta en la nueva ventana y visualización de los datos de corte (abajo)

Ahora vemos el cabezal de la herramienta con la fresa en la pantalla transparente que se cierne sobre el origen de nuestro sistema de coordenadas de la pieza. Además, se han asumido los parámetros de los ajustes de las herramientas.

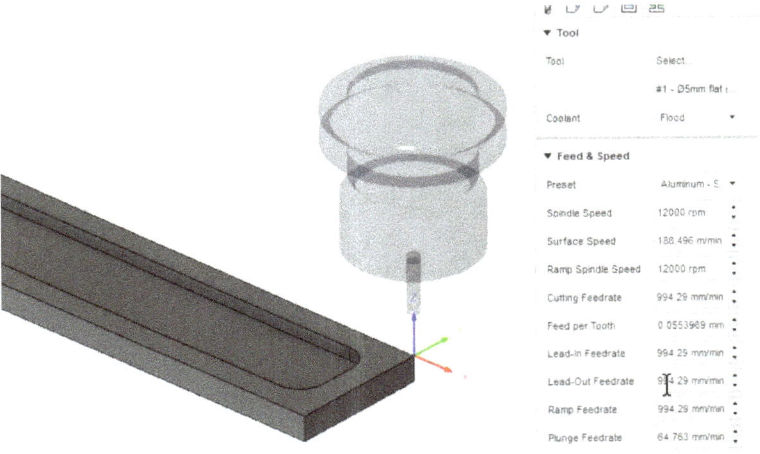

Figura 262: La cabeza de la herramienta simulada se muestra de forma transparente

Si lo desea, también pueden modificarse individualmente. A continuación, tenemos que determinar en el área de "Geometry" qué rebaje queremos fresar en este caso.

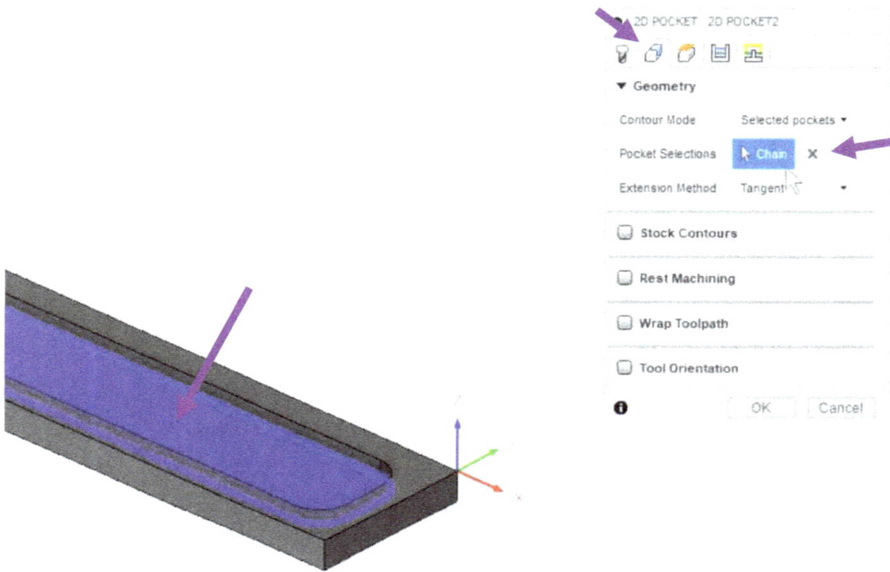

Figura 263: Pase a "Geometry" y seleccione la sangría (haga clic en el área)

En la siguiente pestaña "Heights" tenemos que determinar las alturas en las que debe moverse la herramienta para las operaciones de "Clearance", "Retract" y "Feed" durante la producción de la pieza.

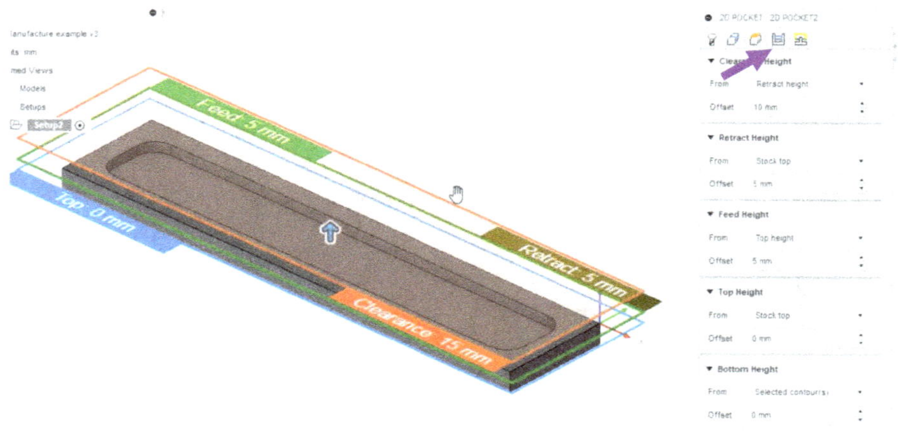

Figura 264: Determinación de las alturas correctas para las respectivas operaciones de las herramientas

Dependiendo de la fresadora, deberá ajustar estos valores. En nuestro caso, podemos dejar los valores por defecto. En las dos secciones siguientes se pueden realizar otros ajustes especiales. Cada campo muestra una breve explicación cuando pasa el ratón por encima o cuando selecciona una opción. Busque otros ajustes importantes para su proyecto individual según sea necesario. Si no tiene conocimientos previos de fresado, torneado o mecanizado CNC, debería dejar de lado el área de "Manufacture" por el momento y matricularse en un curso básico de estas tecnologías de fabricación o hacer que le enseñen los fundamentos en otro lugar. En nuestro caso, dejamos los ajustes como están. Una vez seleccionada la operación "2D Pocket" creada en el árbol de estructura, podemos visualizar la herramienta y su trayectoria de trabajo. Con un clic derecho y la selección de "Simulate" -que también se encuentra en el menú superior- también podemos visualizar una simulación del proceso de producción.

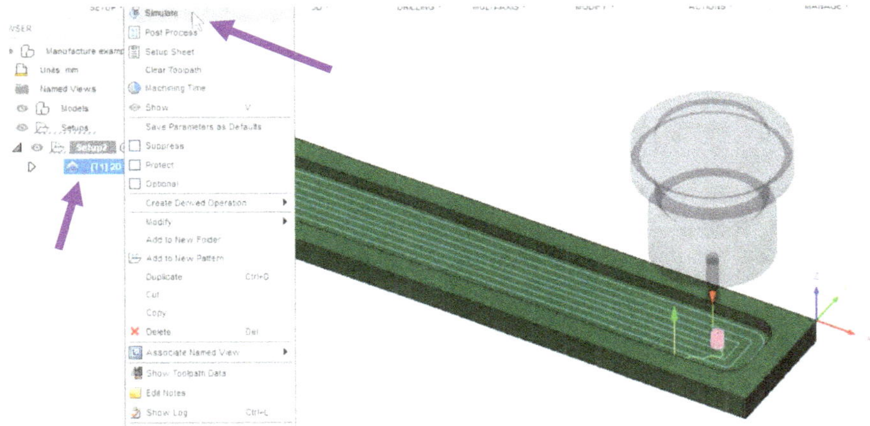

Figura 265: Haciendo clic con el botón derecho del ratón sobre la "2D Pocket" creada en el árbol de estructuras y seleccionando "Simulate", se anima la trayectoria de trabajo de la herramienta por nosotros (Pulse Play)

¡Muy bien! Podríamos tener nuestro primer componente fresado. Ahora sólo tenemos que crear el "gcode", es decir, el código de la máquina.

Lo hacemos con el comando "Post Process" en la barra de menú superior. En esta ventana seleccionamos primero la configuración adecuada para el tipo de producción y la máquina y le asignamos un nombre.

A continuación, podemos especificar una ubicación de almacenamiento y crear el "gcode", es decir, el código máquina.

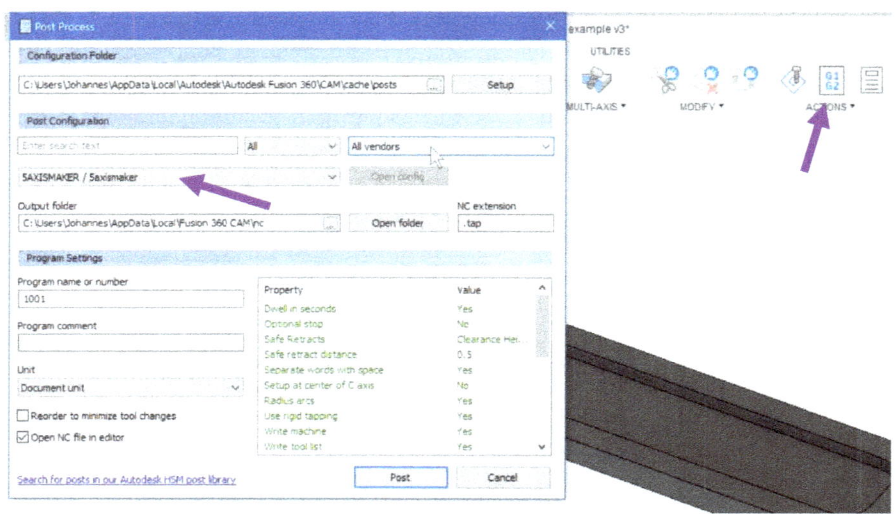

Figura 266: Creación del ". gcode" de la máquina para la producción con "Post Process"

En este curso para principiantes no discutiremos con más detalle las otras opciones de la sección "Manufacture", ya que esto no tendría sentido sin un conocimiento adecuado de las tecnologías y tipos de fabricación individuales y sobrepasaría el alcance del curso. Sin embargo, hay que mencionar que aquí también se pueden crear operaciones para el torneado y la impresión 3D, así como para las máquinas CNC de 5 ejes. Fusion 360 ofrece aquí numerosas y muy útiles funciones. Para el apasionante tema de la impresión en 3D, le recomiendo que eche un vistazo a mi libro "Impresión en 3D | paso a paso", en el que aprenderá con detalle y paso a paso todo el hardware y el software necesarios para la impresión en 3D. Si no fabricamos un componente nosotros mismos, también tenemos la posibilidad con Fusion 360 de crear dibujos técnicos, que luego podemos pasar a una empresa de fabricación. Veremos cómo funciona esto en el próximo y último capítulo antes de terminar el curso. Ya casi hemos llegado, ¡pasemos al último capítulo!

10 "Drawing" / Dibujo técnico

Bienvenido al último capítulo de este curso de Fusion 360! Como ya se ha mencionado en el capítulo anterior, si no queremos o no podemos fabricar un componente nosotros mismos, por ejemplo, porque no tenemos las máquinas para hacerlo, podemos crear un dibujo técnico para una empresa de fabricación. Para ello, primero añadimos dos agujeros de 10 mm a nuestro modelo simple, que deben atravesar el componente.

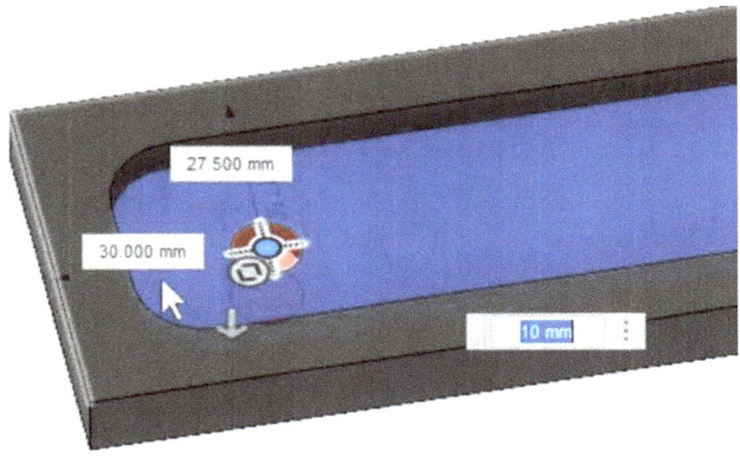

Figura 267: Creación de dos agujeros (uno a la izquierda y otro a la derecha) con las dimensiones indicadas

Para crear un dibujo técnico a partir de este modelo CAD, pasamos a la pestaña "Drawing", "From Design" en el menú principal.

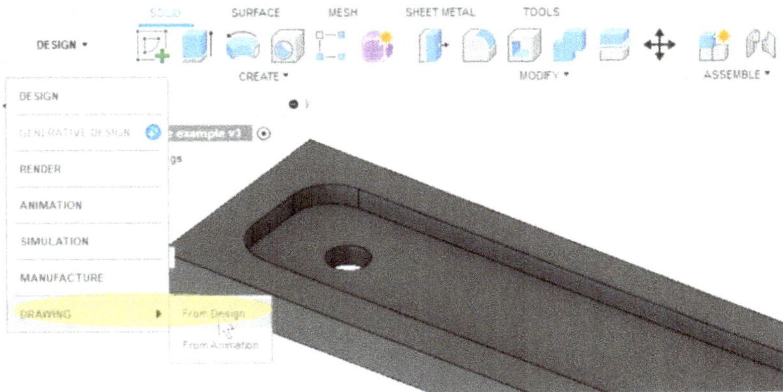

Figura 268: Pase a la pestaña "Drawing" - "From Design"

Primero seleccionamos la configuración general del dibujo, es decir, podemos utilizar una plantilla o empezamos con una plantilla vacía. También es importante definir las unidades y el formato del papel.

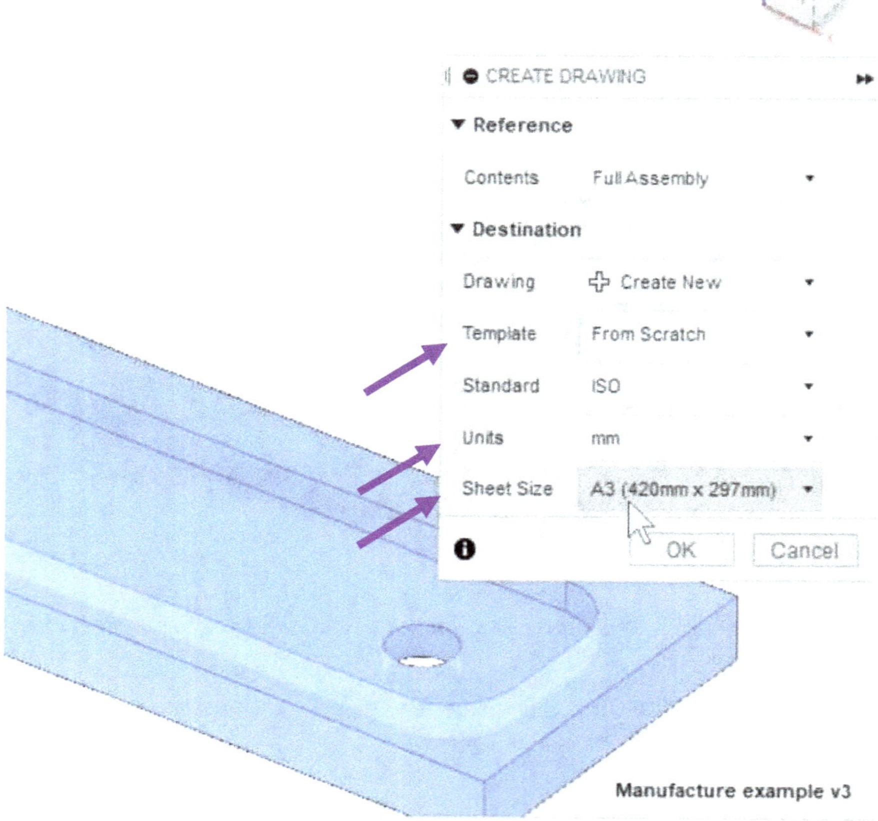

Figura 269: Antes de que el programa cambie automáticamente al entorno de dibujo, tenemos que determinar el formato del papel y las unidades

A continuación, el programa nos lleva al entorno de los dibujos técnicos. En el primer paso tenemos que colocar la vista básica del componente en el dibujo.

Para ello, seleccionamos la orientación de la vista, por ejemplo, la vista superior, es decir, "Top" y escalamos la vista del dibujo como se desee, por ejemplo, algo más grande. Con un clic colocamos la primera vista.

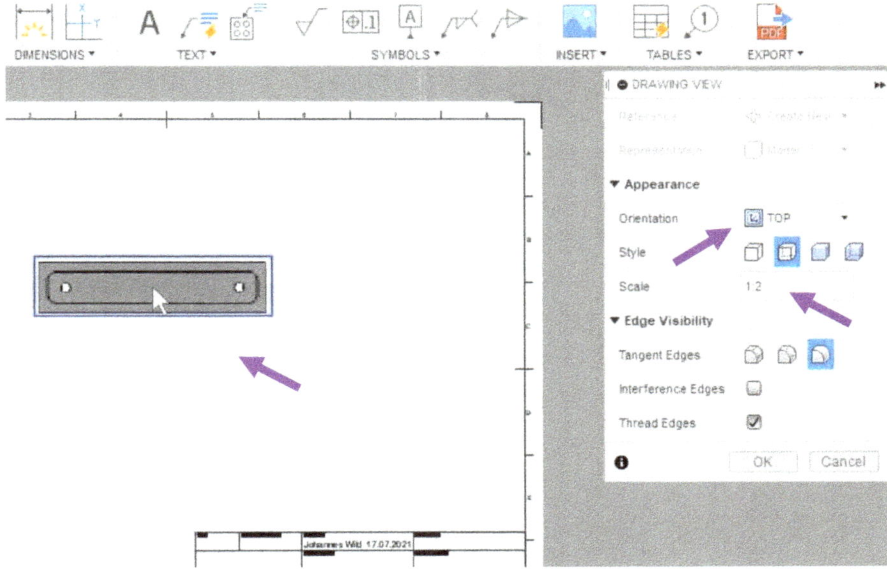

Figura 270: Primero seleccione la orientación y la escala, luego haga clic en la hoja de dibujo para fijar la primera vista de la pieza

Según el llamado plegado, se crea un dibujo técnico en forma de vista de tres paneles. En términos sencillos, esto significa que el componente se muestra desde arriba, desde el lado y, si es necesario, desde el frente para poder colocar todas las dimensiones necesarias y otras designaciones. Además, se suele añadir una vista isométrica para facilitar la imaginación espacial.

Para colocar una nueva vista, en este caso una vista derivada, en la hoja, utilizamos el comando "Projected View" y creamos una segunda vista deseada haciendo clic en el componente del que queremos derivar una vista.

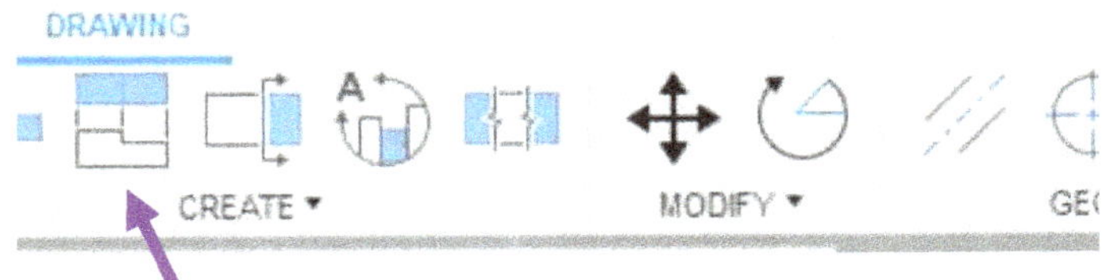

Figura 271: Selección de la función "Projected View" para una o varias vistas nuevas

Dependiendo de dónde movamos el cursor del ratón, se deriva la vista referenciada. Por ejemplo, si nos movemos hacia arriba o hacia abajo, se muestra la vista desde la parte delantera o trasera del componente, y lo mismo ocurre con los laterales. Si nos movemos en diagonal, se nos muestra una vista isométrica.

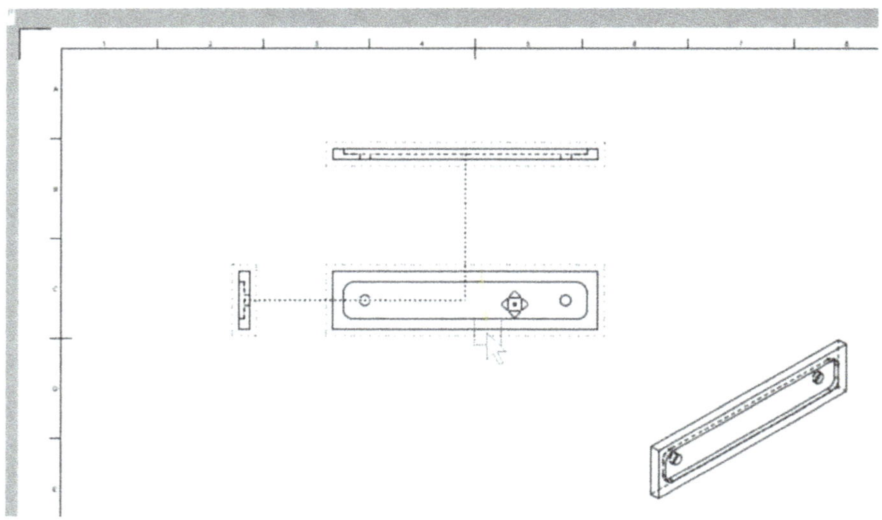

Figura 272: Queremos crear las vistas mapeadas utilizando la vista proyectada

En el menú de la parte superior izquierda, también podemos crear una vista de sección: "section view", una vista de detalle: "detail view" o romper la vista: "break view".

Figura 273: Crear diferentes vistas

La función principal para la acotación se encuentra en la parte superior, en la zona central, y se denomina, como es habitual "Dimension". Con la ayuda de esta función, podemos crear dimensiones para nuestro componente.

Figura 274: Dimensión de los elementos geométricos con "Dimension"

Es casi lo mismo que cuando se crea un boceto en 2D, salvo que en este caso proporcionamos a nuestro componente terminado unas dimensiones que ya están definidas y que sirven de información para la producción.

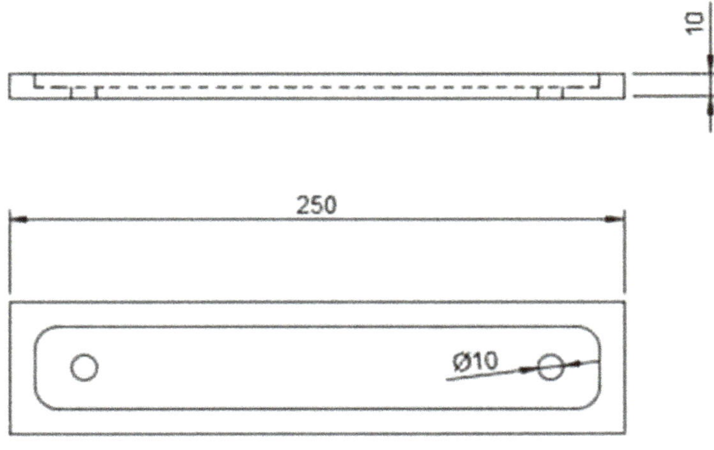

Figura 275: Colocar diferentes dimensiones con "Dimension"

Con los elementos del área "Geometry", también podemos dibujar información geométrica, como una línea central o, en este caso, líneas de simetría y centros de círculos.

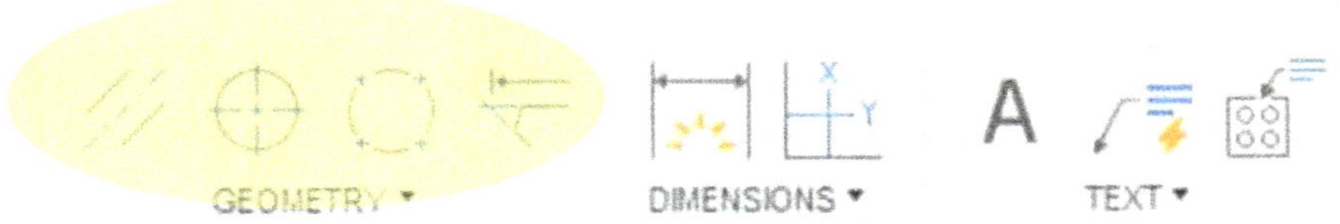

Figura 276: Herramientas para centros / líneas de simetría o centros de círculos

Para la línea de simetría simplemente seleccionamos dos líneas paralelas del componente y para los centros de los círculos simplemente seleccionamos los agujeros o círculos deseados. Por cierto, con un clic en las designaciones de las dimensiones también podemos editarlas o añadir más datos, como un número.

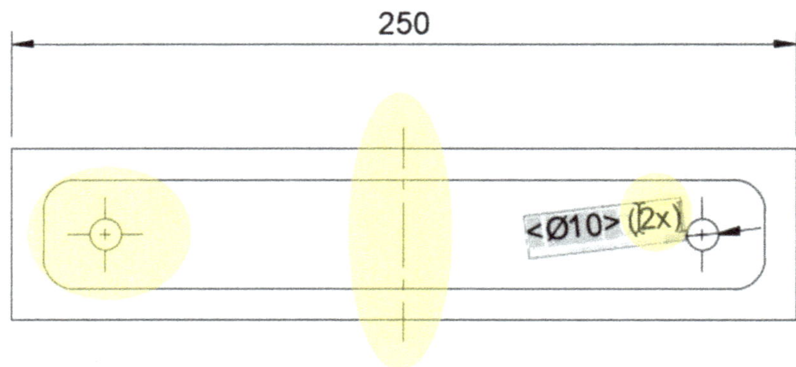

Figura 277: Una vista con la línea de simetría, los centros de los círculos y la información de las dimensiones añadidas

Perfecto, ahora toda la información que una empresa necesita para la producción ya estaría en el dibujo. Todas las longitudes y anchuras, así como las posiciones de los agujeros y rebajes están dimensionadas.

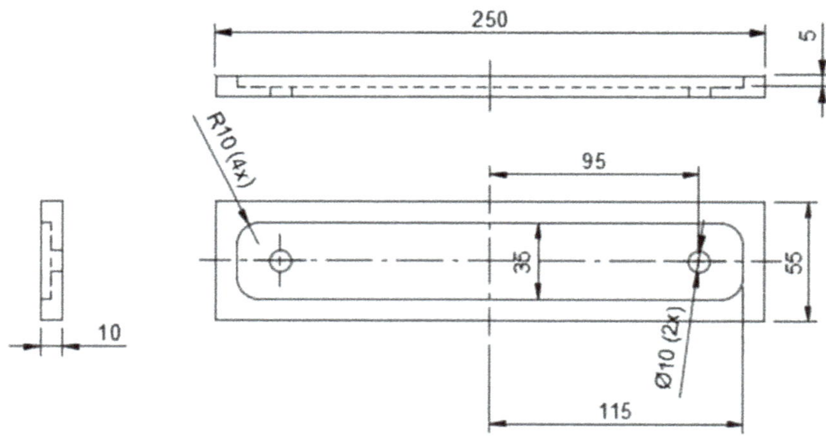

Figura 278: Dibujo totalmente acotado de nuestra pieza; no se muestra la vista isométrica

Si se necesitan caracteres especiales para indicar las tolerancias de forma y posición, los acabados superficiales o incluso otros textos, éstos se encuentran en la zona superior derecha de la barra de menús.

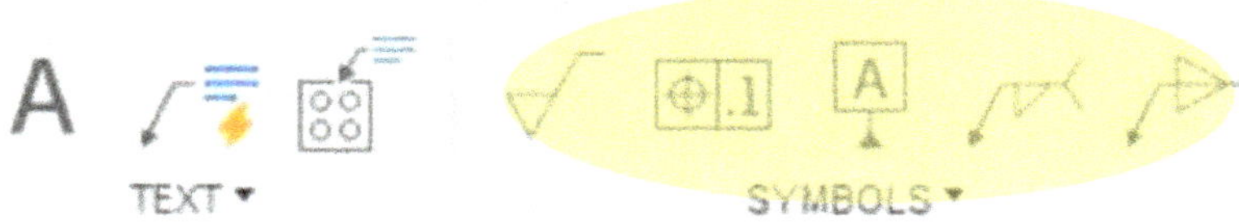

Figura 279: Caracteres especiales para acotar las propiedades de la superficie, las tolerancias y más

Por cierto, se pueden añadir hojas adicionales en la barra de la zona inferior, según el espacio que se necesite. Después de rellenar el bloque de título con la designación, el número de dibujo, el material y otras informaciones, el dibujo puede guardarse e imprimirse, por ejemplo, como ". pdf".

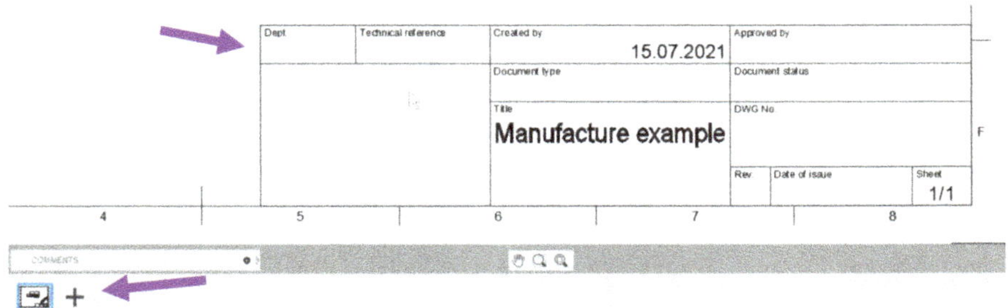

Figura 280: Añadir una nueva hoja (abajo; símbolo +) y rellenar el bloque del título

Palabras finales

¡Muy bien! Lo ha conseguido, ¡con este capítulo terminamos el curso para principiantes Fusion 360!

Ahora le toca a usted profundizar en lo que ha aprendido y, sobre todo, aplicarlo. Ahora debería dominar las funciones más importantes de Fusion 360 y podrá abordar nuevos proyectos, diseños CAD, simulaciones y todo lo que conlleva bajo su responsabilidad. ¡Felicidades!

Ha aprendido todas las operaciones y características relevantes en este curso. Esto le permite construir, simular, renderizar, animar y producir o hacer producir sus propios archivos CAD de forma rápida y sencilla. Juntos hemos conseguido mucho en este curso! Si ha llegado hasta esta lección, ¡siéntase justificadamente orgulloso de sí mismo!

Y como se ha mencionado al principio del curso, también se echa un vistazo a la impresión en 3D. Es tremendamente divertido y tiene grandes beneficios cuando puede materializar sus propias construcciones.

De este modo, puede crear piezas prácticamente de la nada y tener a mano una solución para todo tipo de repuestos que ya no están disponibles pero que se necesitan con urgencia. La mejor manera de hacerlo es utilizar mi libro: "Impresión 3D | paso a paso" y recoger un ejemplar hoy mismo.

Si ha disfrutado del curso de Fusion 360, me encantaría que me dejara una calificación y un breve comentario, así como que recomendara el libro a otras personas. ¡Muchas gracias!

Libros sobre temas que también podrían gustarle

Todos los libros están disponibles en línea en las plataformas de venta habituales. Sólo tiene que buscar el título o visitar mi página de autor. Es posible que algunos de los libros aún no se hayan publicado y estén disponibles en breve. Eche un vistazo a los libros de su elección y lléveselos a casa como libros electrónicos o de bolsillo.

Impresión en 3D:

CAD, FEM, CAM (creación de objetos 3D, diseño, simulación):

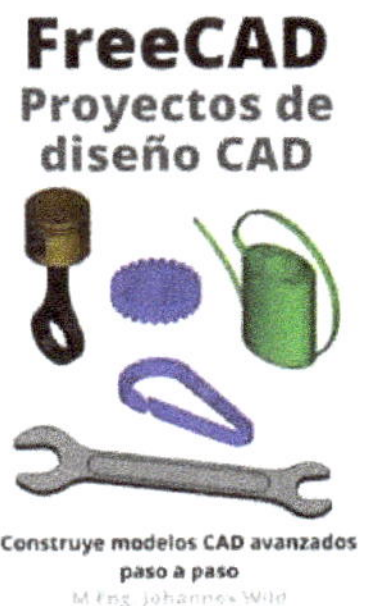

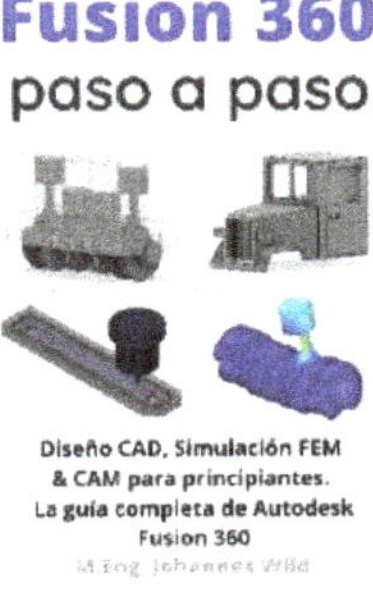

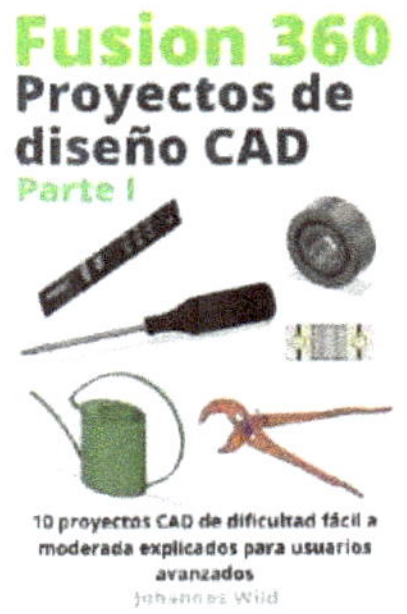

Ingeniería eléctrica:

Programación y otros programas:

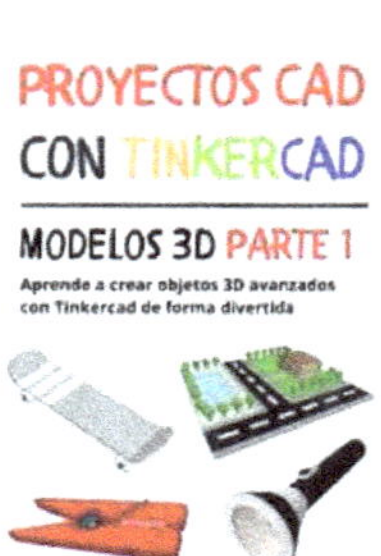

Información sobre el autor / editor

© 2023

Johannes Wild
c/o RA Matutis
Berliner Straße 57
14467 Potsdam
Germany

E-Mail: 3dtech@gmx.de

Esta obra está protegida por los derechos de autor